中国人民银行上海总部金融稳定分析小组
Financial Stability Analysis Group, People's Bank of China, Shanghai Head Office

SHANGHAI

FINANCIAL STABILITY REPORT (2015)

上海金融稳定报告（2015）

Shanghai Financial Stability Report (2015)

中国人民银行上海总部金融稳定分析小组

责任编辑：王雪珂
责任校对：刘　明
责任印制：程　颖

图书在版编目（CIP）数据

上海金融稳定报告. 2015（Shanghai Jinrong Wending Baogao. 2015）/中国人民银行上海总部金融稳定分析小组编. —北京：中国金融出版社，2015.8

ISBN 978 - 7 - 5049 - 8017 - 5

Ⅰ. ①上…　Ⅱ. ①中…　Ⅲ. ①金融市场—研究报告—上海市—2015　Ⅳ. ①F832.751

中国版本图书馆CIP数据核字（2015）第147230号

出版
发行　中国金融出版社

社址　北京市丰台区益泽路2号
市场开发部　（010）63266347，63805472，63439533（传真）
网 上 书 店　http://www.chinafph.com
（010）63286832，63365686（传真）
读者服务部　（010）66070833，62568380
邮编　100071
经销　新华书店
印刷　北京市松源印刷有限公司
装订　平阳装订厂
尺寸　210毫米×285毫米
印张　11.75
字数　208千
版次　2015年8月第1版
印次　2015年8月第1次印刷
定价　128.00元
ISBN 978 -7 - 5049 - 8017 - 5/F.7577

中国人民银行上海总部金融稳定分析小组

组　长： 杜要忠

成　员（按姓氏笔画）：

王利平　王振营　文善恩　冯润祥
朱　沛　周荣芳　季家友　姜　威

《上海金融稳定报告（2015）》编写组

总　纂：杜要忠

统　稿：王新东　谢　斌　张雅楠

执笔人：王新东　谢　斌　张雅楠　张国文　郭　芳

参与写作人员（按姓氏笔画）：

万阿俊　包　钧　李　倩　李腾飞　李冀申

周　婧　周佳慧　陈　露　钱国根　唐　甜

董宝茹　雷宗怀

英文校译（按姓氏笔画）：

邓　欣　刘孜群　陆　屹　邵勉也　陈　松

周　萍

翻译人员（按姓氏笔画）：

刘孜群　余洁雅　张　瑾　张雅楠　周正清

陆　屹　邵勉也　陈　松　郭　芳　瞿士杰

特别鸣谢：

中国银监会上海分局

中国证监会上海分局

中国保监会上海分局

编写说明

2014年，上海市努力克服严峻复杂的外部环境影响，积极应对经济下行压力加大等挑战，深入推进创新驱动发展、经济转型升级各项工作，经济保持平稳增长。上海市金融机构认真贯彻稳健的货币政策，国际金融中心建设、金融支持实体经济工作稳步推进，自贸试验区金融改革取得重大突破。《上海金融稳定报告（2015）》力求客观呈现上海金融行业稳健性状况和需要关注的问题，分析并提示经济金融运行中可能影响金融稳定的潜在风险。

《上海金融稳定报告（2015）》结构安排如下：第一章综述上海金融稳定总体状况；第二章分析上海经济运行情况及可能对金融稳定产生影响的因素；第三章到第五章分别对银行业、证券业和保险业的稳健性进行了评估；考虑到基础设施对金融稳定的重要性，第六章主要从支付结算、征信、反洗钱等方面关注基础设施建设。

《上海金融稳定报告（2015）》客观地分析了上海金融业改革、发展和稳定的全貌，但由于作者理论知识水平以及金融稳定评估实践经验有限，本书中还存在许多不足之处，恳请有关部门、专家学者、社会各界提出宝贵意见和建议，以利于我们丰富金融稳定分析与评估方法、提高金融稳定工作研究水平，使今后发布的《上海金融稳定报告》更趋成熟和完善。

中国人民银行上海总部金融稳定分析小组

二〇一五年七月

目　　录

Contents

第一章

综述

2014年，上海市努力克服严峻复杂的外部环境影响，积极应对经济下行压力加大等挑战，认真贯彻落实党的十八大和十八届三中、四中全会精神，深入推进创新驱动发展、经济转型升级各项工作，经济保持平稳增长，经济发展质量和效益进一步提高，改革开放增量红利不断积累。上海市金融机构认真贯彻稳健的货币政策，国际金融中心建设、金融支持实体经济工作稳步推进，自贸试验区金融改革取得重大突破。

一、上海经济金融运行总体平稳有序

（一）经济保持总体平稳

2014年，上海市经济运行总体平稳。全年实现生产总值23 560.94亿元，按可比价格计算，同比增长7%。固定资产投资增速放缓，消费增长保持平稳，外贸形势有所好转，财政收入增长较快，工业企业效益增速回落，居民收入稳步增长。2014年，上海市继续深化经济结构战略性调整，实施稳健的货币政策，积极支持上海国际金融中心建设，扎实推进上海自贸区金融改革。

（二）金融业运行稳健

2014年，面对错综复杂的经济金融形势，上海市银行业以改革创新为手段，调结构、防风险，稳步推进各项工作，转型发展成效显现，为上海市金融稳定奠定了良好的基础。银行业资产负债规模持续增长，信贷结构继续优化，支持实体经济成效明显。上海市银行业机构充足率小幅下降，资产质量总体可控，流动性管理难度加大，盈利水平有所提高。证券业发展运行态势良好，基础制度建设和行业规范进一步完善，行业创新能力大幅提高，国际化业务加快推进，证券市场融资功能稳步发展。证券公司资产规模快速增长，风控体系运行良好，盈利水平显著提升。保险业市场主体数量大幅增加，资产规模、保费收入稳步增长，保险业改革稳步推进。保险机构整体实力大幅增强，盈利能力显著提高，偿付能力充足率总体良好，风险整体可控。

（三）金融基础设施建设进一步完善

2014年，中国人民银行上海总部以国际金融中心和上海自贸区建设为契机，不断推动上海市金融基础设施建设工作取得新进展。加强支付清算基础设施建设，创新上海自贸区支付结算业务，推动非现金支付工具推广与管理。充分发挥征信体系作用，提升服务水平，推动小型微型金融机构、类金融机构接入金融信用信息基础数据库，促进评级市场的健康发展。按照以风险为本的反洗钱工作原则，积极调整反洗钱监管模式，创新自贸区反洗钱监管措施。

二、维护上海金融稳定需要关注的方面

（一）上海经济增长中需要关注的方面

2015年是“十二五”规划的收官之年，也是谋划“十三五”规划的关键之年。从国际上看，全球经济整体复苏步伐有望加快，但仍可能面临较大风险。从国内看，当前我国经济发展进入新常态，经济发展方式和经济结构发生重大转变，经济增速正从高速增长转向中高速增长；但同时，经济转型和调整可能持续较长时间，下行压力依然较大。上海市在经济转型中仍面临各种困难，如有效需求明显不足，机构调整任务依然艰巨，改革创新工作面临更加紧迫的形势等。同时，应该关注科技创新能力对上海经济发展的影响。习近平总书记在上海视察工作时，希望上海市努力在推进科技创新、实施创新驱动发展战略方面走在全国前头，走到世界前列，加快向具有全球影响力的科技创新中心进军。虽然2014年上海市科研投入稳步增长，但是目前，上海市的科技创新基础还不牢，原始创新能力还不强，市场配置创新资源的作用还没有充分发挥。上海市要建设具有全球影响力的科技创新中心，必须要将提高自主创新能力作为科技发展的首要任务，着力实施创新驱动发展战略。

（二）上海金融业运行中需要关注的方面

2014年，上海市银行业面临各种不确定性因素，银行风险管理的复杂性进一步增加，银行业更需要进一步加强风险防控和改革转型，特别要高度关注重点领域的信贷风险，如房地产贷款集中度上升和风险源头多极化的风险以及政府平台贷款风险。大宗商品贸易及其融资继续快速发展，风险也在加速集聚。部分企业通过虚构大宗商品贸易背景，利用境内外利差和汇差，进行套利交易，并与国内房地产和股市等各类投资风险相互关联，进而将风险传导至银行业金融机构。此外，也要关注表外业务不规范发展带来的风险隐患和银行业面临的声誉风险。近几年，证券公司正逐步向全能型投资银行转型，不同业务之间的相互渗透越来越强，证券行业与其他金融同业之间的合作越来越频繁，单一领域的风险爆发或单个黑天鹅事件，都可能会形成“蝴蝶效应”，向外渗透、传递。外部风险的传导与暴露值得关注。2014年，上海市证券公司杠杆率从年初的2倍增长到年末的3.4倍。关注证券公司内部风险敞口与杠杆率的提

升。同时，也要关注保险资金运用风险加大、人身险公司现金流面临压力、产险公司综合成本率明显上升等风险。

第二章

经济与金融环境

2014年，上海市努力克服严峻复杂的外部环境影响，积极应对经济下行压力加大等挑战，认真贯彻落实党的十八大和十八届三中、四中全会精神，深入推进创新驱动发展、经济转型升级各项工作，经济保持平稳增长，经济发展质量和效益进一步提高，改革开放增量红利不断积累。上海市金融机构认真贯彻稳健的货币政策，国际金融中心建设、金融支持实体经济工作稳步推进，自贸试验区金融改革取得重大突破。

一、上海经济金融运行总体平稳有序

2014年，上海市实现生产总值23 560.94亿元，按可比价格计算，同比增长7%；增幅比2013年回落0.7个百分点，比全国低0.4个百分点。分产业看，第一产业增加值124.26亿元，同比增长0.1%；第二产业增加值8 164.79亿元，同比增长4.3%；第三产业增加值15 271.89亿元，同比增长8.8%。第三产业增加值占全市生产总值的比重达到64.8%，比2013年提高1.6个百分点。

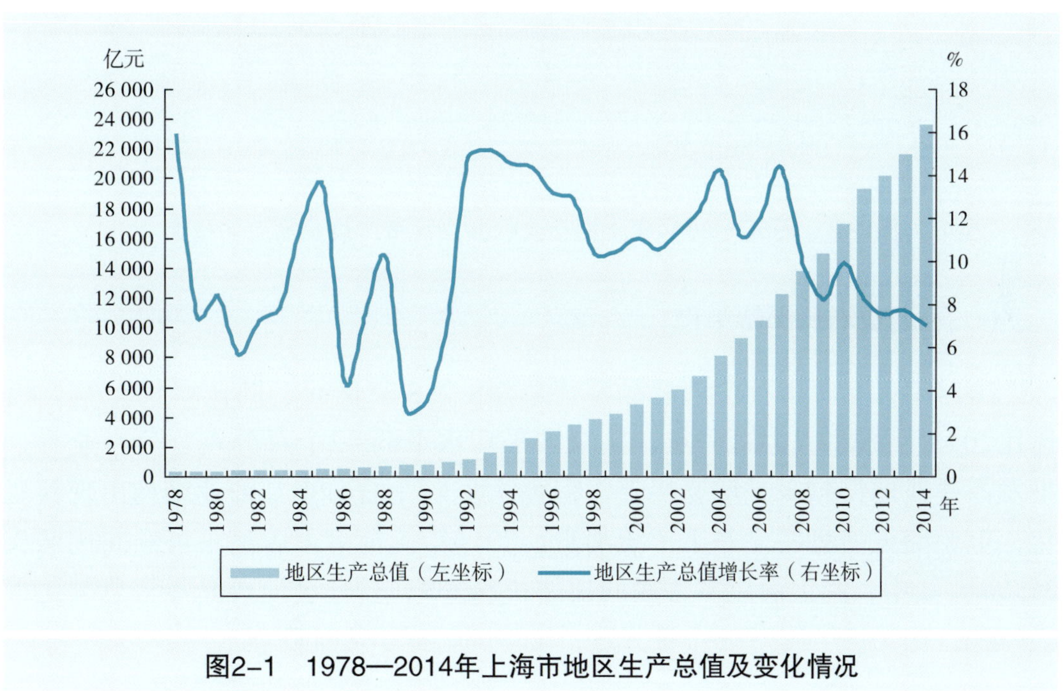

图2-1 1978—2014年上海市地区生产总值及变化情况

（一）固定资产投资增速放缓

2014年，上海市完成固定资产投资总额6 016.43亿元，同比增长6.5%，增速比2013年回落1个百分点，比全国低9.2个百分点。从三大投资领域看，城市基础设施投资有所加快，同比增长1.3%，增速比2013年提高0.8个百分点。房地产开发投资仍是拉动投资增长的主要力量，全年增长13.7%；虽然受房地产市场调整的影响增速比2013年回落4.7个百分点，但仍高于全国平均水平3.2个百分点。工业投资继续下降6.5%，降幅比2013年扩大2.1个百分点，工业投资占全社会固定资产投资比重从三分之一左右回落到不足五分之一。

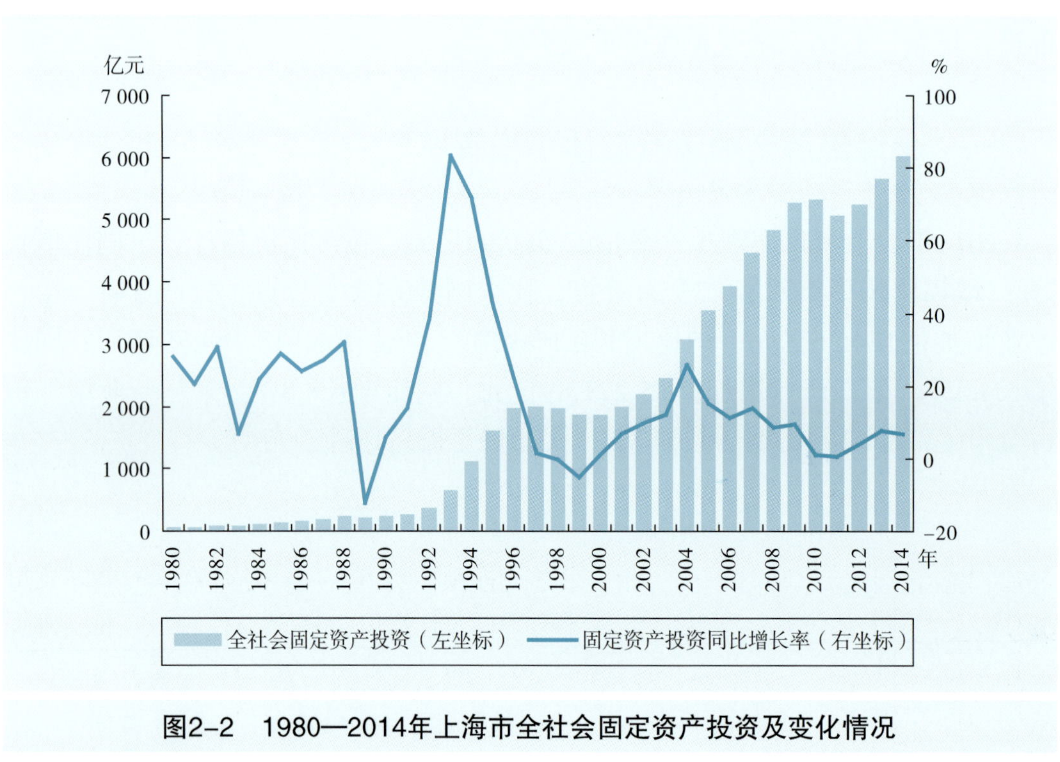

图2-2　1980—2014年上海市全社会固定资产投资及变化情况

（二）消费增长保持平稳

2014年，上海市社会消费品零售总额8 718.65亿元，同比增长8.7%，增速比2013年提高0.1个百分点，比全国平均水平低3.3个百分点。分行业看，批发零售业增长9.1%，增速快于住宿餐饮业3.4个百分点。商业结构出现新变化，电子商务增势明显好于传统消费。2014年，全市无店铺零售额同比增长21.7%。其中，网上商店零售额同比增长24.6%，占社会消费品零售总额比重为9.4%，比2013年提高3.6个百分点，增势明显好于传统商业。

（三）外贸形势有所好转

2014年，上海市全年进出口总额4 666.22亿美元，同比增长5.6%；增速比2013年提高4.5个百分点，高于全国3.3个百分点，近年来增速首次超过全国平均水平。其中，出口总额2 102.77亿美元，同比增长3%；进口总额2 563.45亿美元，同比增长7.9%；贸易逆差460.68亿美元。上海自贸区带动效应显现，自贸区

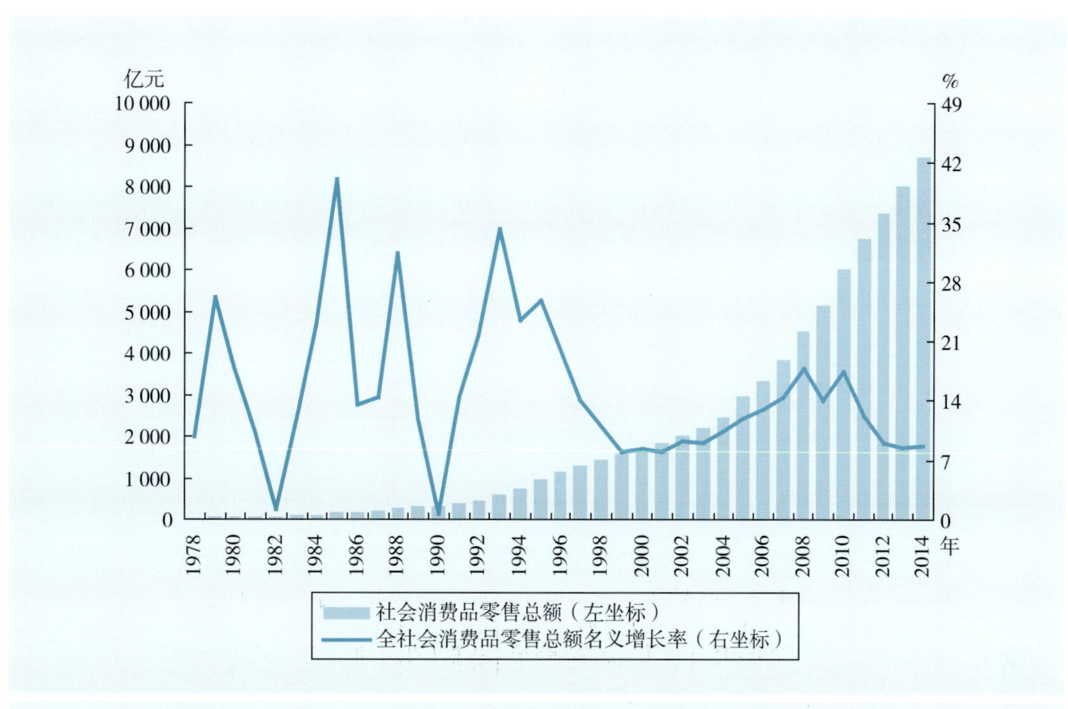

图2-3　1978—2014年上海市社会消费品零售总额及变化情况

进出口总额同比增长8.3%，占全市进出口总额的26.6%。从结构看，贸易方式继续优化，一般贸易出口增长7.6%，快于加工贸易出口10.1个百分点；贸易主体格局更趋多元化，私营企业出口增长7.8%，增速比国有企业快13.8个百分点。

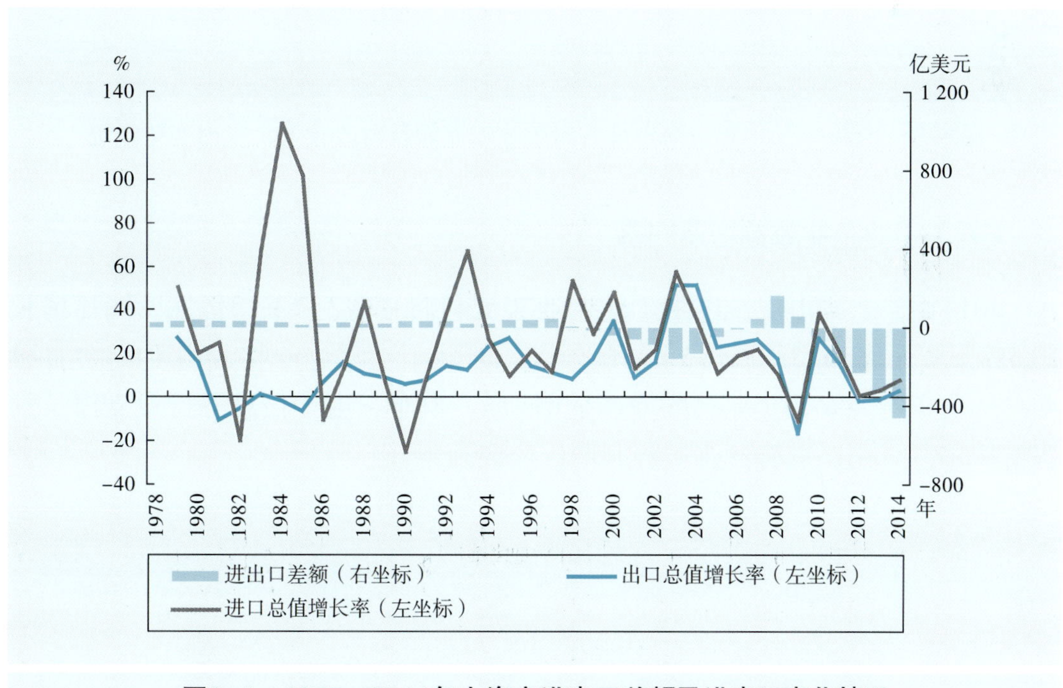

图2-4　1978—2014年上海市进出口差额及进出口变化情况

（四）财政收入增长较快

2014年，上海市完成地方财政收入4 585.55亿元，同比增长11.6%，增速比2013年提高1.8个百分点，明显高于全市经济增幅。其中，增值税增长14.2%，营业税增长4.1%，企业所得税增长12.5%。分行业看，汽车制造，成套设备，银行、证券及其他金融等行业财政收入完成较好。2014年，全市地方财政支出4 923.44亿元，同比增长8.7%，增速比2013年提高0.5个百分点。

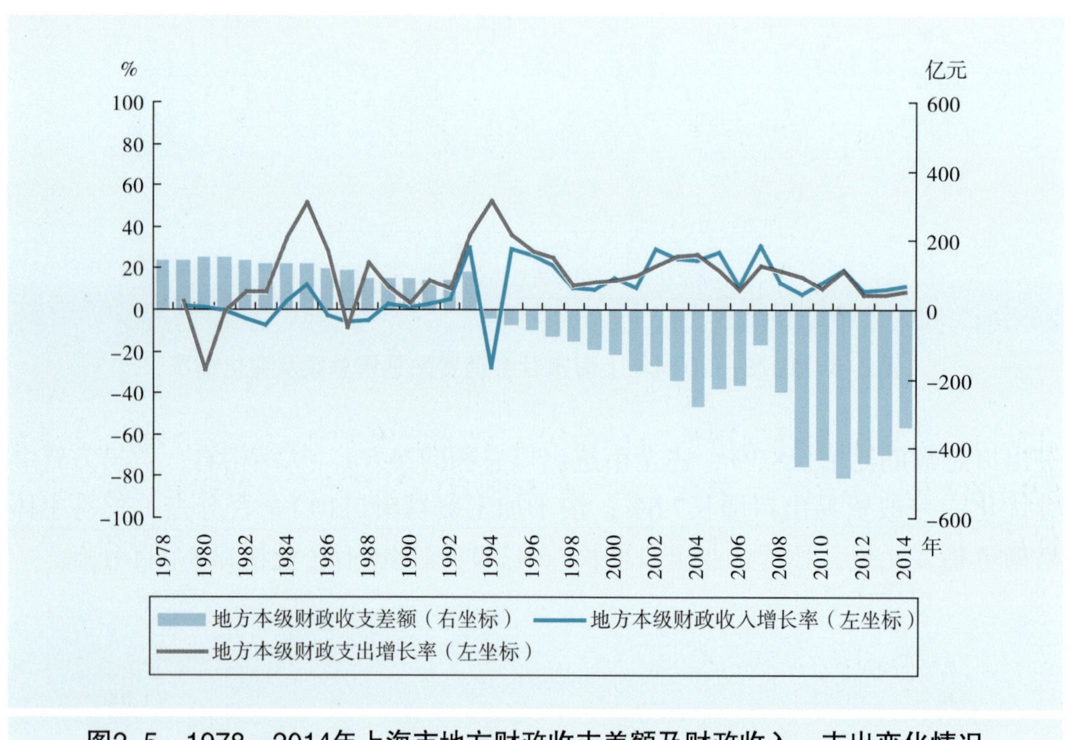

图2-5　1978—2014年上海市地方财政收支差额及财政收入、支出变化情况

（五）工业企业效益增速回落

2014年，上海市规模以上工业企业实现利润总额2 661.13亿元，同比增长10.4%，增速比2013年回落2.7个百分点，但高于主营业务收入增速8.4个百分点。从全年走势看，企业利润增速呈倒V形，汽车、电子信息等行业支撑了利润增长，但石化、钢铁行业对利润增长形成拖累。

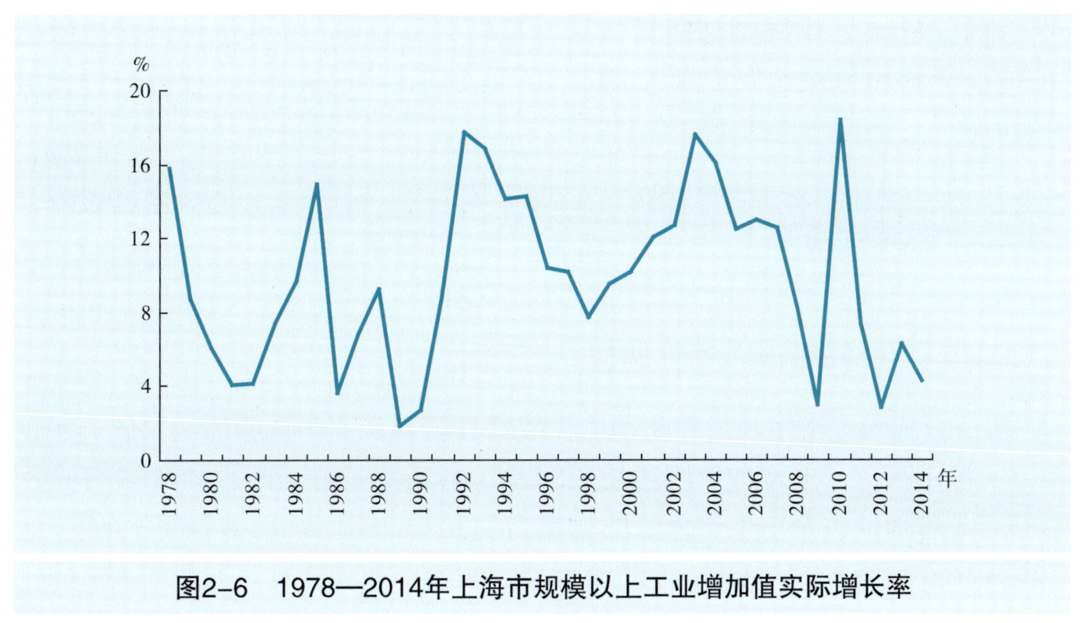

图2-6　1978—2014年上海市规模以上工业增加值实际增长率

（六）居民收入稳步增长

2014年，上海市城市和农村居民家庭人均可支配收入分别为47 710元和21 192元，同比分别增长8.8%和10.3%；扣除价格因素，实际增长分别为5.9%和7.4%，分别比全国平均水平低0.9个和1.8个百分点。就业形势基本稳定保证了居民收入稳步增长。截至2014年末，城镇登记失业人数25.63万人，比2013年末减少0.74万人。

（七）金融业持续发展

2014年，上海市实现金融业增加值3 268.43亿元，同比增长14%。全年新增各类金融单位96家[①]。其中，货币金融服务单位37家，资本市场服务单位40家。截至2014年末，全市有各类金融单位1 336家。其中，货币金融服务单位601家，资本市场服务单位292家，保险业单位363家。

截至2014年末，上海市中外资金融机构本外币各项存款余额73 882.45亿元，同比增长6.7%；各项贷款余额47 915.81亿元，同比增长8%。全国银行间市场总成交金额361.51万亿元，同比增长27%。上海黄金交易所总成交金额6.51万亿元，同比增长24.7%。上海证券市场上市证券3 758只，其中，股票1 039只。2014年，上海证券交易所各类有价证券总成交金额128.15万亿元，

① 该部分数据来自《2014年上海市国民经济和社会发展统计公报》。

同比增长48.1%。中国金融期货交易所总成交金额164.02万亿元，同比增长16.3%。上海市原保险保费收入986.75亿元，同比增长20.1%；保险赔付支出378.66亿元，同比增长25.4%。

二、促进经济增长和金融稳定的重要举措

（一）深化经济结构战略性调整

服务业成为经济增长主要驱动力，战略性新兴产业制造业加快发展。2014年，上海市第三产业增加值同比增长8.8%，增速快于第二产业4.5个百分点；第三产业增加值占全市生产总值的比重为64.8%，同比提高1.6个百分点[①]，比全国高16.6个百分点。其中，全市金融业、房地产业和信息服务业增加值同比分别增长14%、3.2%和12.5%。互联网金融、移动互联网、电子商务、云计算等新产业、新业态、新技术和新模式蓬勃发展，增势明显好于传统产业。同时，战略性新兴产业制造业出现较快发展，全年总产值增长5.5%，增速快于全市工业3.9个百分点。

研发投入明显增加，以服务业为主的引资结构加快形成。近几年，上海市在硬投入增长逐年回落的同时，研发领域的软投入明显增加，创新动力逐步加强。近5年全社会研发经费支出年均增长15%以上，研发经费支出占地区生产总值的比例逐年提高，2014年达到3.6%左右。从引资情况看，2014年，全市合同外资首次突破300亿美元，达到316亿美元，同比增长26.8%，再创年度引资规模新高。实际吸收外资181.66亿美元，同比增长8.3%，连续15年增长。其中，服务业实际利用外资163.85亿美元，同比增长20.8%，占全市实际利用外资的90.2%。自贸区建设是上海市利用外资再创新高的重要推手。2014年，上海自贸区合同外资92.35亿美元，占全市合同利用外资近30%。

产业结构调整仍在阵痛期。2014年，上海市钢铁、石化、电子信息行业持续负增长，生物医药行业增速回落。新兴产业短期内难以弥补传统产业结构调整过程中增速下滑形成的缺口。全市规模以上工业总产值同比增长1.6%，增速同比回落2.8个百分点，比全国平均水平低6.7个百分点；工业增加值同比增长4.3%，增速同比回落2个百分点。部分先行指标表现乏力，工业下行压力依然较大。2014年，全市货物运输量和港口货物吞吐量分别下降1.3%和2.6%。

① 根据国家统计局规定，2013年年报开始产业分类按新的《三次产业划分规定》进行核算，2013年上海市第三产业占GDP比重为63.2%。

（二）继续实施稳健的货币政策

2014年，中国人民银行按照党中央、国务院统一部署，继续实施稳健的货币政策，既保持定力又主动作为，不断补充和完善货币政策工具组合，瞄准经济运行中的突出问题，用调结构的方式适时适度预调微调。非对称下调存贷款基准利率，增强公开市场操作利率弹性，引导社会融资成本下行。两次实施定向降准，改进合意贷款管理，发挥差别准备金动态调整机制的逆周期调节和信贷引导功能。各项金融改革有序推进，存款利率浮动区间上限扩大至基准利率的1.2倍，《存款保险条例（征求意见稿）》向全社会公开征求意见。

中国人民银行上海总部认真贯彻落实总行各项货币信贷政策，稳妥推进利率市场化改革，创新实行分账核算、封闭管理的自由贸易账户管理方式，摸索区域性金融改革的新管理模式。注意保持货币信贷松紧适度，加强定向调控，深入推进货币信贷政策导向效果评估；通过再贷款、再贴现工具引导加强对“三农”和小微企业的支持力度，合理满足上海市重点建设资金需求；多措并举做好缓解企业融资成本高的相关工作；加强宏观审慎管理，灵活调整差别准备金政策参数；落实定向降准政策，支持货币信贷政策执行有力的地方法人金融机构的信贷投放；完善流动性应急预案，维护货币信贷平稳运行。

（三）积极支持上海国际金融中心建设

建设面向国际的金融市场交易平台。2014年，中国人民银行上海总部推动上海黄金交易所等在自贸试验区设立国际交易平台。9月18日，黄金交易所“国际板”正式上线运行，引入首批40家境外会员，黄金市场对外开放进入新阶段。外汇交易中心“国际金融资产交易平台”已经上线，并将逐步拓展报价和交易等服务功能。上海国际能源交易中心正式挂牌成立，原油期货已获得批准。

金融市场开放程度进一步增加。一是支持境外机构和自贸区注册企业的境外母公司在境内发行人民币债券。2014年3月15日，梅赛德斯—奔驰公司作为首家境外非金融企业成功发行5亿元“熊猫债券”。二是系统评估港澳人民币清算行拆借业务开展情况，推动境外人民币清算行进入同业拆借市场，推动银行间债券市场对外开放。前11个月，完成69家境外机构进入银行间债券市场准入备案，合计投资额度达到918亿元。三是推动人民币外商投资股权投资企业试点和人民币合格境内有限合伙人试点，研究个人境内外双向投资试点方案。

（四）扎实推进上海自贸区金融改革

2014年，中国人民银行上海总部以服务实体经济为出发点和落脚点，确立了自贸试验区金融改革的总体框架；建立了具备实时逐笔监控功能的自由贸易账户管理信息系统，完善了事中事后监管；有序推进人民币资本项目可兑换，自贸区人民币结算、人民币境外借款、人民币双向资金池等业务均有大幅提升；建立了利率市场秩序自律组织，探索出风险可控的利率市场化路径，自3月1日放开小额外币存款利率上限试点以来，小额外币存款挂牌利率总体稳定，市场决定利率的机制增强；有效实施了简政放权和负面清单管理，金融服务实体经济的功能显著提升；切实把防控风险作为重要底线，建立了开放经济下的宏微观金融审慎政策框架和金融安全保障制度。

专栏1　人民银行积极支持中国（上海）自由贸易试验区建设

中国（上海）自由贸易试验区自2013年9月挂牌以来，中国人民银行上海总部认真落实中央对上海自贸试验区建设的总体要求，一手推改革开放，一手抓风险防范，积极推动各项金融改革任务在自贸试验区落地。目前，自贸试验区一批创新性金融制度相继建立，金融服务功能显著增强，底线风险控制严格，金融改革进展顺利，得到了党中央、国务院和社会各界的广泛认可。

一是立足企业需求研究出台金融政策，确立了自贸试验区金融改革的总体框架。上海总部根据人民银行总行的30条意见，先后发布扩大人民币跨境使用、支付机构跨境人民币支付业务、反洗钱和反恐怖融资、放开小额外币存款利率上限、外汇管理、分账核算业务、审慎管理等七项实施细则，正式启动自由贸易账户业务。

二是建设能24小时逐笔监控的自由贸易账户管理信息系统，构建强大的事中事后监管体系。建设能够涵盖人民银行、金融机构、开立账户的企业和个人的自由贸易账户管理信息系统，实行分账核算、封闭管理、电子围网。设立“自由贸易账户实时监测室”，对账户资金实现24小时逐笔跟踪，实施事中事后监管和风险管理。

三是推进“分类别、有管理”的资本项目可兑换。在实施必要的宏观和微观审慎管理基础上，有序推进资本项目可兑换。

四是建立利率市场秩序自律组织，在控制风险的前提下探索出一条利率市场化的有效路径。充分发挥监管与市场两只手的作用，实现了“利率不上升、存款不搬家”的外币存款利率市场化改革。监管层面，建立了包括利率监测、引导及临时管制措施等在内的利率管理机制。市场层面，成立了利率市场秩序自律委员会，充分发挥大型商业银行存款定价的稳定器作用。

五是有效实施简政放权和负面清单管理，金融服务实体经济的功能显著提升。对跨境人民币业务推出了完全的事中事后监管模式，不搞事前行政审批。外汇管理方面率先推出负面清单管理，取消了部分行政审批，对自贸区内外资企业资本金结汇及跨国公司资金管理试点中的外债结汇实施负面清单管理，对继续实施事前审批的也大幅简化审批流程。

六是切实把防控风险作为重要底线，建立了开放经济下的宏观、微观金融审慎政策框架和金融安全保障制度。成立上海总部支持中国（上海）自由贸易试验区建设工作委员会和风险审慎评估工作机制委员会，加强本外币协调监管。继续执行全国统一的宏观审慎管理框架，建立宏观审慎的人民币境外融资制度。切实加强反洗钱、反恐融资、反逃税“三反”监管。会同上海市政府和各金融监管部门加强信息共享和监管合作等。

三、经济金融运行中需要关注的方面

2014年，上海市积极应对经济下行压力加大等挑战，上海经济在结构调整中加速转型升级，社会发展在改革创新中稳步提升。2015年是“十二五”规划的收官之年，也是谋划“十三五”规划的关键之年。从国际上看，全球经济整体复苏步伐有望加快，但仍可能面临较大风险。从国内看，当前我国经济发展进入新常态，经济发展方式和经济结构发生重大转变，经济增速正从高速增长转向中高速增长；但同时，经济转型和调整可能持续较长时间，下行压力依然较大。上海市应继续坚持创新驱动发展、经济转型升级，适应经济发展新常态，适应经济结构和需求结构的变化，重点培育新的经济增长点，激发经济活力，提高增长的质量和效益。

（一）关注经济转型中面临的各种困难

2015年，创新转型仍处于关键阶段，上海经济面临的机遇与挑战并存。一方面，中国（上海）自由贸易试验区扩大开放举措将拓展到浦东新区，部分创新举措将在全市推广，这将为上海经济转型升级注入新一轮动力；第三产业占比不断提高，为上海经济增长增加了稳定因素；此外，2015年上海市将全面启动具有全球影响力的科技创新中心建设，也将进一步激发全社会创新创业活力。另一方面，上海市在经济转型中仍面临各种困难，一是有效需求明显不足，经济紧缩风险在上升；二是结构调整任务依然艰巨，钢铁、石化、电子信息等产业持续负增长，新兴产业短期内难以弥补传统产业结构调整过程中增速下滑所形成的缺口；三是在新常态下，尽管经济转型要比全国领先一步，但由于要求高、任务重，上海市改革创新也将面临更加紧迫的形势；四是政府性项目融资面临政策瓶颈，将影响全市基础设施建设和旧区改造工作进度；五是面临的民生改善任务依然繁重。总体来看，2015年上海经济发展面临的挑战比2014年更大，增长速度可能进一步放缓。

（二）关注科技创新能力对上海经济发展的影响

党的十八大报告强调要实施创新驱动发展战略，明确提出科技创新是提高社会生产力和综合国力的战略支撑，必须摆在国家发展全局的核心位置。2014年5月，习近平总书记在上海视察工作时，希望上海市努力在推进科技创新、实施创新驱动发展战略方面走在全国前头，走到世界前列，加快向具有全球影响力的科技创新中心进军。2014年，上海市科研投入稳步增长，全年用于研究与试验发展（R&D）的经费支出为831亿元，占地区生产总值的比例为3.6%。科创应用成果颇丰，全年认定高新技术成果转化项目643项，其中电子信息、生物医药、新材料等重点领域项目占86.5%。至2014年末，国家级创新型企业达15家，国家级创新型试点企业19家，市级创新型企业500家，技术先进型服务企业252家。但同时也必须看到，与北京、深圳等科技创新能力较强的地区相比，上海市的科技创新基础还不牢，原始创新能力还不强，市场配置创新资源的作用还没有充分发挥；上海面临的资源、环境、人口压力更大，经济转型升级更迫切。上海市要建设具有全球影响力的科技创新中心，必须要深刻理解实施创新驱动发展战略的重要意义，将提高自主创新能力作为科技发展的首要任务；深化科技体制改革，强化企业技术创新主体地位；立足国内、放眼全球，着力实施创新驱动发展战略。

第三章

银行业

2014年，面对错综复杂的经济金融形势，上海市银行业以改革创新为手段，调结构、防风险，稳步推进各项工作，转型发展成效显现，为上海市金融稳定奠定了良好的基础。但同时，在转型中也面临诸多挑战，经营压力有所加大，不良贷款继续反弹。上海市银行业通过改进经营模式，银行资产金融化趋势明显，盈利增速超预期，机构运行总体稳健。

一、上海银行业发展运行情况

（一）资产负债规模持续增长，结构出现新变化

2014年，上海市银行业金融机构资产负债规模平稳增长。截至年末，上海市银行业金融机构资产总额[①]11.27万亿元，同比增长15.14%；负债总额10.86万亿元，同比增长14.86%。本外币各项存款余额7.39万亿元，同比增长6.7%，增幅较年初下降2个百分点；本外币各项贷款余额4.79万亿元，同比增长8%，增速较年初微降0.4个百分点。

1. 存贷款增速持续放缓

上海市银行业金融机构存贷款增速回落幅度明显快于GDP增速回落幅度，在全国各省市最为突出。2009年末，上海银行业各项存款、贷款的增速分别为近年高位23.5%和21.8%，远高于同期上海GDP 8.2%的增速。至2014年末，各项存、贷款增速分别降至6.7%和8%，其中存款增速已低于同期上海GDP 7%的增速。与全国对比，上海存贷款缓增态势更加显著。2008年末，全国银行业存、贷款增速分别为上海的1.17倍和1.35倍；2013年末分别为1.57倍和1.7倍；2014年末进一步扩大到1.62倍和1.60倍，上海存、贷款增速在全国36个省市中分列30位和34位。

2. 表外业务占比不断提升

截至2014年末，上海市银行业各项贷款占总资产比重降至42.73%，较2013年末下降2.74个百分点。与此同时，表外业务的贡献度不断提升。2014年末，上海市银行业表外业务余额19 824.81亿元，同比增长16.41%，增速高于同期各项贷款8.25个百分点。表外业务与总资产的比值升至17.60%，比年初上升0.2个百分点。

3. 存款呈现批发化、结构化、定期化，资金成本显著上升

截至2014年末，上海市银行业各项存款占总负债比重降至65.49%，较2013年末下降5.52个百分点；同业负债占比相应升至26.23%，较2013年末上升5.53

① 全国银行业资产总额为168.2万亿元，同比增长13.6%；各项存款余额117.4万亿元，同比增长9.6%；各项贷款余额86.8万亿元，同比增长13.3%。

个百分点。定期存款、结构性存款、协议存款分别新增914.88亿元、691.73亿元、421.39亿元，合计占同期新增各项存款的51.28%，而活期存款增量仅占24.94%。资金成本显著上升，前三个季度上海市银行业机构按日均付息比例计算，每100元存款的利息支出为1.71元，较2013年同期上升0.06元，升幅达3.6%。银行间回购加权利率（7天）由年初的2.5%~3%的波动区间提升至3.5%~4%的波动区间，同业资金成本不断上升。

（二）信贷结构继续优化，支持实体经济成效明显

从贷款投向看，信贷结构继续优化，第三产业在新增贷款中的占比不断提高。2014年，上海市新增的本外币企业贷款（不含票据融资）中，投向第三产业的贷款增加2 472.4亿元，占全部境内企业贷款（不含票据融资）增量的100.2%，该占比在年内持续上升。其中，批发和零售业贷款减少289.1亿元，住宿和餐饮业、交运仓储和邮政业、金融业、租赁和商务服务业的贷款分别增加36.6亿元、180.2亿元、165.9亿元和569.3亿元。投向第二产业的贷款增加17.7亿元，主要是电力热力燃气及水生产行业贷款增加154.9亿元，以及建筑业贷款增加24亿元；制造业贷款则减少131.6亿元，也从一个侧面反映出目前全市工业企业景气度下滑的情况。

2014年，全市新增本外币房地产开发贷款829.3亿元，同比多增431.1亿元；其中地产开发贷款增加211.1亿元，同比多增112.5亿元。由于其他融资渠道受限、成本抬升，房企资金更多依靠传统贷款，2014年全市房产开发贷款新增618.2亿元，同比多增318.6亿元。其中，受政府加大保障房建设支持力度的影响，保障房开发贷款新增153.7亿元，同比多增65亿元。

2014年下半年以来，小微企业信贷投放持续回升。2014年，全市金融机构对大型企业投放的本外币贷款减少488.3亿元，主要是受政府投融资平台贷款清收和大企业倾向低成本直接融资等因素的影响。对中、小和微型企业投放的本外币贷款分别增加558.6亿元、522.1亿元和217.5亿元。截至年末，全市金融机构对小微企业的新增贷款在全部新增贷款的占比为91.3%，其占比较6月末大幅提高79.4个百分点。

二、上海银行业机构稳健性评估

（一）资本充足率小幅下降，仍高于监管要求

上海市银行业机构资本充足率同比小幅下降。截至2014年末，上海中资法

人商业银行平均资本充足率12.44%，同比下降1.06个百分点；外资法人银行平均资本充足率18.16%，同比下降0.60个百分点。随着资本监管要求的提升，上海法人银行资本管理主动性有所提高，资本补充渠道进一步拓宽，部分银行还推出了非公开发行模式的员工持股计划。这些融资性资本工具的推出拓宽了资本补充渠道，为银行业务增长提供了基本保障。

（二）不良贷款持续双增，资产质量总体可控

2014年，受宏观经济增速放缓，上海市银行业虽加大不良资产处置力度，但不良贷款仍延续不良贷款余额和不良贷款率双增的局面。截至年末，上海市银行业不良贷款余额427.14亿元，同比增长19.4%，比年初增加69.42亿元。按季度来看，四个季度分别增加49.19 亿元、7.38亿元、7.52亿元、5.33亿元，不良贷款余额增长趋势不变。不良贷款率为0.89%，比年初增加0.08个百分点。

从2014年上海市银行业不良贷款机构分布情况看，国有商业银行、城商银行不良贷款增幅较大。国有商业银行不良贷款余额较年初增加44.09亿元，同比增长32.27%；不良贷款率0.94%，比年初增加0.18个百分点。城商银行不良贷款余额增加27.94亿元，同比增长124.55%；不良贷款率1.21%，比年初增加0.63个百分点。随着不良资产处置进程的加快，股份制商业银行不良贷款余额较年初下降19.63亿元，不良贷款率较年初下降0.03个百分点。从行业看，信贷风险主要集中在批发和零售业、制造业和个人贷款（包括住房按揭贷款）等行业，不良贷款余额占比分别为54.67%、19.96%和12.62%。

2014年，上海市银行业不良贷款余额、不良贷款率“双升”，但下半年开始资产质量趋于稳定。从全年的趋势来看，前8个月因钢价持续下跌，钢贸的抛售和贷款违约压力增大，同时通过担保链、产业链的传导作用，不良贷款由特定行业向外围行业扩散，这使银行业的不良贷款呈规模扩大态势。至8月末，上海市银行业不良贷款率已达到0.97%。但从9月开始各银行纷纷加大了处置力度，不良贷款规模逐渐得到控制，不良贷款率开始下降，至12月末不良贷款率为0.89%，较年内最高值下降了0.08个百分点。从风险抵补能力看，2010年至2014年末，新发生不良贷款与扣除资产减值损失前的利润总额的比例由0.63%逐步上升至6.13%，说明风险暴露在持续加大。未来一段时间上海银行业仍处于经历结构调整和转型升级阶段，银行业贷款质量还将有进一步下滑的趋势，商业银行风险管理水平将承受较大的考验。

表3-1　2014年上海市银行业不良贷款余额与不良贷款率情况

	2013-12	2014-03	2014-06	2014-09	2014-12
不良贷款余额（亿元）	357.72	406.91	414.29	421.81	427.14
不良贷款率（%）	0.80	0.88	0.90	0.90	0.89

（三）流动性变化因素复杂，流动性管理难度加大

2014年，货币市场利率呈现两头高、中间低的走势。以7天期拆借利率为例，春节前后，受市场流动性状况变化影响，市场利率从1月中旬开始快速上升，至1月20日达到最高点6.64%；随后单边下降至3月中旬的低点2.34%；4月份开始市场利率在3%~4%振荡，且振幅逐渐缩小；临近年末，市场利率出现明显上升，至12月22日出现年内次高点6.26%，之后小幅回落，至12月31日收于4.89%。从利率波动幅度来看，较2013年有所收窄，全年拆借利率极差为430个基点，同比缩小540个基点。

随着金融市场的发展，商业银行资金来源和运用渠道日益多元化，特别是随着同业业务的发展，银行机构逐步由资产负债持有型机构向交易型机构转变，由存量业务向流量业务转变，影响银行业机构流动性的因素较为多样，特别是在月末、季末等关键时点，银行需要兑付、转表的资金量比较大，增加了流动性管理的难度。2014年，金融机构对资产负债管理的力度有所加强，对流动性风险管理工作的关注程度不断提升，对特殊时点的流动性需求普遍提前安排，从而降低了季节性因素对市场价格的影响。

（四）盈利水平超预期，业务持续发展能力进一步提高

银行业在2014年“新常态”经济下面临多重冲击，例如，经济增速换挡、金融改革提速、信息技术进步、同业竞争加剧以及监管趋严等，这些将对商业银行经营管理能力带来严峻挑战。面对这一系列变化，上海银行业盈利仍在适度区间内增长，盈利同比增长超预期，各家银行盈利水平增长有所分化。盈利结构表现为“利息占比下降，中间业务收入占比趋稳”特征。

从上海市银行业情况看，2014年，上海银行业利息净收入为2 009亿元，在营业净收入中占比为74.4%，同比减少1.74个百分点；中间业务收入为523亿元，在营业净收入中占比为19.4%，同比基本持平。与全国盈利结构比较，前三个季度上海利息净收入占比较全国低5.1个百分点，中间业务收入占比较全国高3.8个百分点。全年上海市银行业金融机构实现利润1 378.82亿元，同比增

长18.24%。上海市中资法人银行实现税前利润781.32亿元，同比增长16.92%；外资法人银行实现税前利润155.01亿元，同比增长32.95%。总体上看，银行规模扩张和净息差仍是银行收益保持稳定的主要原因。成本收入比继续下降，在集约经营和规模效益的作用下，整体经营费用保持自然增长。成本收入比例的下降对银行利润的增加有所贡献。

专栏2　不对称降息对商业银行经营带来新挑战

2014年11月22日起，中国人民银行下调一年期贷款基准利率0.4个百分点至5.6%，下调一年期存款基准利率0.25个百分点至2.75%，同时结合推进利率市场化改革，将金融机构存款利率浮动区间的上限由存款基准利率的1.1倍调整为1.2倍，其他各档次贷款和存款基准利率相应调整，并对基准利率期限档次作适当简并。

人民银行此次的不对称降息进一步推进了利率市场化改革的进程，在扩大金融机构定价空间的同时也对其经营带来了新的挑战。据了解，为保持存款的稳定性，在沪商业银行普遍将一年期存款的利率上浮区间扩大至基准利率的1.2倍。

此次不对称降息对商业银行经营带来的挑战主要表现在：一是取消部分期限档次的基准利率将导致对应期限存贷款定价基准的缺失，商业银行将面临从现有市场利率体系中寻找既能准确描述资金成本又能避免走势大幅波动、保持相对稳定的新定价基准的挑战，预计今后直接融资市场（国债等）产品收益率将给信贷市场提供更多的基准参照。二是此次存款利率浮动区间上限扩大到基准利率的1.2倍，随着存款客户利率敏感性的增强，银行存款将可能呈现更明显的定期化趋势。三是此次存款利率浮动区间上限扩大将在一定程度上提高商业银行的融资成本，缩小利差，对商业银行盈利状况的影响将在市场运行一段时间后逐步显现。

为应对新挑战，商业银行将更加注重考虑资产负债的总量规模、客户结构、期限结构等因素，提高主动负债管理能力和风险定价能力，更加重视不同客户的综合收益贡献度。此外，也有部分商业银行反映，为弥补利率下调对利润的影响，将优先叙做短期限存款业务，降低付息成本，在可能的条件下提高新发放贷款的利率水平，优先叙做长期限固定利率贷款业务，提前锁定贷款收益，拉长资产重定价周期，防范利率风险，但同时也将承担流动性风险。

三、上海银行业发展中需要关注的方面

2014年，银行业面临各种不确定性因素，银行风险管理的复杂性进一步增加，银行业更需要进一步加强风险防控和改革转型，特别要高度关注重点领域的信贷风险、流动性风险以及操作风险。

（一）关注房地产贷款集中度上升和风险源头多极化的风险

上海市是目前少数几个未取消房地产限购政策的城市之一，市场化新建商品住房（不含保障房）供应面积连续15个月超当月成交面积，2014年12月末网上可售面积创历史新高，达1 332万平方米，去库存时间近19个月。上海房地产市场没有大幅反弹基础，但信贷资源还在继续加速向这一领域集中，呈现历史“三高”：一是近四成增量贷款投向房地产领域，增量占比创历史新高；二是年末房地产贷款余额占各项贷款比重27.6%，余额占比创年度历史新高；三是全年房地产开发贷款增量创历史新高。上海市银行业机构对房地产信贷热情具有一定趋同性，中资银行在沪分行比较突出。

截至2014年末，上海市银行业机构房地产不良贷款余额50.59亿元，比年初增加3.49亿元；不良贷款率0.38%，比年初下降0.02个百分点。房地产贷款风险暴露势头有所缓和，相比2013年，不良贷款率由升转降，不良贷款增加额明显少增，尤其是个人购房贷款不良额同比少增8.1亿元。同时，房地产贷款风险暴露源头多极化，由原来集中在购房贷款领域，开始向开发贷款领域蔓延。2014年，上海市房地产开发不良贷款余额增加3.58亿元，不良贷款率从年初的0.14%升至0.18%。

（二）关注政府平台贷款风险

2014年，上海市银行业坚持 “总量控制、分类管理、区别对待、逐步化解”的基本思路，加强平台贷款风险监测与管理。截至年末，上海市全口径融资平台227户，贷款余额为5 071亿元，较年初减少354亿元，降低6.5%，同比多降2个百分点。市区两级政府加大还款力度，平台贷款总量持续减少，同比降幅增大，到期贷款未出现逾期或者不良。平台贷款结构不断优化，新增平台贷款主要用于土地储备、城市基础设施、轨道交通等民生领域，较好地支持了实体经济发展。2014年第三季度，国务院相继出台了加强地方政府性债务管理和深化预算管理制度改革的意见。其中的剥离融资平台公司政府融资职能、政府存量债务实施甄别、确保在建项目后续融资、债权人按照商业化原则承担相应责

任和损失等措施，有可能导致个别政府平台逃废债务，银行面临潜在的信贷风险加大。

（三）关注大宗商品价格波动和贸易融资套利带来的风险

大宗商品贸易及其融资继续快速发展，风险也在加速集聚。部分企业通过虚构大宗商品贸易背景，利用境内外利差和汇差，进行套利交易，并与国内房地产和股市等各类投资风险相互关联，进而将风险传导至银行业金融机构。以信用证业务为例，截至2014年末，上海市银行业机构表外信用证余额2 221亿元，较5年前扩张了3.8倍。5年间除2012年末因钢贸风险暴露而使表外信用证规模略收缩1%之外，其余年份规模以平均67%的速度增长。有关资料显示，上海市保税区已积压全球75%的铜库存，这不乏出口商甚至房地产商、国有或民营企业集团利用铜做套利交易和融资的情况出现。同时，由于2014年大宗商品价格整体回落，部分商品价格回落幅度较大。其中，铁矿石、原油价格下跌幅度为40%~50%，而螺纹钢、焦煤、焦炭、铜、玉米等价格跌幅也为10%~20%，价格的巨大波动，极易诱发贸易融资的风险。

（四）关注表外业务不规范发展带来的风险隐患

自《关于规范金融机构同业业务的通知》（银发〔2014〕127号）和《关于规范商业银行同业业务治理的通知》（银监办发〔2014〕140号）发布以来，信托受益权三方买入返售模式被叫停，其他同业非标业务也按“实质重于形式”的原则计量风险并计提相应资本与拨备，银行非标债权业务普遍进入业务调整期。但仍需关注以下风险：一是标的资产信用风险。目前新发信托计划用于偿付到期信托计划难以为继，部分信托计划若遇宏观经济形势恶化、融资方资金链断裂或其他原因可能出现到期交付困难。预计风险暴露会更多地出现在房地产、产能过剩行业、政府融资平台等前期通过三方模式提供资金支持的领域。二是表外业务项下委托贷款存在一定风险隐患。2014年，上海银行业委托贷款同比增长27.8%，远超过同期各项贷款8%的增幅。其中，撮合委贷业务表面上仅作为银行无须承担信用风险的一项中间业务，实际上银行在其中承担了实质性风险，脱离了委托贷款业务的实质。此外，银行通过撮合委贷业务规避信贷规模限制、资本计提、拨备计提等表内贷款的监管要求，存在监管套利之嫌。

专栏3 上海总部对上海银行业金融机构落实同业业务规范情况开展督查

按照《中国人民银行金融稳定局关于督查银行业金融机构落实同业业务规范情况的通知》，人民银行上海总部高度重视，充分准备，扎实推进，如期完成了对上海银行业金融机构同业业务的督查工作。经过缜密部署安排，采取“自查—复查—抽查”分步推进的方式开展督查工作。以金融机构自查为基础，以抽查为重点，点面结合，环环相扣，排摸上海银行业金融机构同业业务发展及127号文件精神的落实情况。督查组对照127号文的条款，逐条梳理了各机构对文件相关精神的落实情况。一方面，被督查的金融机构在管理层面上对文件精神进行了解读，能按要求及时叫停不符合文件精神的相关业务，整理修改相关管理制度等等，同业理财业务正不断趋于规范。另一方面，同业理财业务仍存在不少问题：一是以暗保或明保的方式出具抽屉协议，通过表内外不入账或不规范记账的方式规避风险资产计算要求；二是营业网点擅自修改总行理财产品说明书，与交易对手签署阴阳合同；三是机构未就基础资产重大违约风险履行报告程序，导致非标资产“带病交易”。这些违法违规行为隐藏了银行实际承担的信用风险，资本和拨备计提严重不足。

（五）关注银行业面临的声誉风险

2014年，上海市银行业监管部门收到信访投诉4 527项，同比增长21.63%。其中，来信来访投诉量呈“井喷式”增长，由2013年的每月约70项增长至2014年的每月约113项，同比增长近60%。消费者服务纠纷类投诉占88%，主要集中在信用卡、代理业务、收费等方面，银行业面临严峻的声誉风险。监管部门的现场检查反映：一是部分银行对累计高额授信客户审核不严，有效信息调查不实，刚性扣减落实不力，对刷卡商户集中套现特征明显的交易管控不到位。二是理财及代销业务销售行为不规范。被查银行的“双录”普遍效果不清晰，保存期限不够长。同时，误导销售、理财经理资质及培训不足、营销指标奖励、保险驻点销售、投诉处理不当等问题仍有发生。暴露出银行业公平对待消费者的意识不足，欠缺贯穿产品服务全流程的消费者保护机制。

第四章

证券业

2014年，上海市证券业发展运行态势良好，基础制度建设和行业规范进一步完善，行业创新能力大幅提高，国际化业务加快推进，证券市场融资功能稳步发展。证券公司资产规模快速增长，风控体系运行良好，盈利水平显著提升。

一、证券业发展运行情况[①]

2014年，上海市共新增各类证券期货经营机构及其他持牌机构110家。其中，证券公司2家，证券分公司12家、证券营业部59家，证券资信评级机构1家；基金公司1家、独立基金销售机构7家、基金专业子公司11家；期货营业部9家、期货公司分公司1家，期货公司风险管理子公司7家。目前，上海市证券期货经营机构种类齐全，数量位居全国前列。上海市的证券公司、基金公司、期货公司、基金公司专业子公司等八类机构数量列全国第一，集聚效应进一步显现，呈现出各类金融机构协调合作、有序竞争的良性局面。

证券公司。截至2014年末，上海市共有证券公司22家，占全国123家的17.9%；证券公司分公司76家，证券营业部559家。此外，上海市还有证券投资咨询公司16家，异地咨询公司在沪分公司6家，证券资信评级机构3家。上海市证券公司总资产9 168.4亿元，净资产1 923.9亿元，净资本1 449.2亿元[②]，同比分别增长100.55%、13.99%和17.53%。

专栏4 上海市证券公司迎来新一轮集聚和重构

2014年，上海市证券行业版图发生新变化，机构集聚步伐进一步加快，并购重组及股权变更涌现，各公司积极谋求增强资本实力，积聚持续做大做强基础。

一是多家新设资产管理子公司在上海落地和集聚。随着国际金融中心建设步伐的加快，上海市作为资产管理中心的地位不断强化。2014年，已有齐鲁证券、华泰证券2家异地证券公司在上海市设立有独立法人资格的资产管理子公司，另外还有3家处于申请设立过程中。上述公司全部落地后，

① 机构经营数据未经审计。

② 华泰证券（上海）资产管理有限公司于2014年12月26日取得经营许可证，因此上海市证券公司的财务状况及经营成果数据的统计范围为21家证券公司，不含华泰证券（上海）资产管理有限公司，下同。

上海市证券资产管理规模将占行业半壁江山。机构数量上，截至2014年末，上海市总计有22家法人证券公司（其中资管子公司6家），持续位于全国各辖区首位。

二是多家证券公司发生并购重组及股权变更。申银万国吸收合并宏源证券，完成我国证券行业迄今为止规模最大的市场化并购案。合并后成立的申万宏源集团股份有限公司注册地变更为新疆，并以申银万国证券和宏源证券的全部证券类资产及负债设立申万宏源证券，注册资本330亿元，注册地为上海。该重组实现了多方共赢，对公司今后发展意义重大，对推进证券行业整合发展具有积极的示范作用。此外，国泰君安证券收购上海证券控股权，并逐步整合优化经营架构；珠海金控收购航天证券控股权，上海华信能源全额收购财富里昂股权，海际大和外方股东退出，奠定发展新起点。

三是各证券公司积极谋求壮大资本实力。各公司抓住行业创新发展机遇，结合自身业务发展需求，制订计划，以多种方式增强资本实力。除海通证券、光大证券已上市外，东方证券首次公开发行并上市申请已成功通过中国证监会发审会审核，国泰君安证券处于审核程序中。此外，其他公司通过积极谋求增资扩股、运用多种融资工具等进一步提升资本实力、补充流动性，以更好地支撑持续创新发展，更好地满足服务实体经济与投资者需求。

基金公司。截至2014年末，上海共有基金公司45家，约占全国95家的47.37%；基金公司分支机构28家；基金评价机构3家，独立基金销售机构13家，基金第三方支付机构7家，基金公司专业子公司34家。上海市基金公司管理公募基金797只，基金总净值12 769亿元，同比分别增长18.07%和35.81%。上海市基金公司子公司管理资产12 020亿元，同比增长113.20%。

期货公司。截至2014年末，上海市共有期货公司28家，占全国151家的18.5%；期货营业部137家、期货公司分公司1家、期货公司风险管理子公司13家。上海市期货公司总资产855.34亿元（含客户权益），净资产129.95亿元，净资本105.33亿元，客户权益710.09亿元，同比分别增长38.35%、25.68%、17.12%和41.47%。

（一）基础制度建设和行业规范进一步完善

1. 证券业

公司治理持续优化。2014年，上海证券公司治理结构整体有效，三会运作总体规范，业务管控制度和内部约束机制持续健全，责任追究制度继续强化落实。截至2014年末，上海市共有2家上市证券公司，另有2家证券公司准备上市。

风险管理体系开始建立。2014年，上海证券公司全面风险管理体系框架初步形成，风险管理人员大体到位，风险控制指标动态监控系统已经搭建，风险管理报告机制总体建成。流动性风险管理已被纳入内控范围，并逐步形成常态化管理。

合规管理继续深化。上海市证券公司合规管理组织体系和保障措施基本到位，合规管理制度、信息隔离墙制度总体有效运行，发现和解决合规管理存在问题的能力有所提升。2014年分类评价中，上海市共11家证券公司参评，其中4家公司被评为A类AA级，占全部20家AA级公司的20%。

2. 基金业

公司内控和风险管理水平逐步提高。公司“三条底线”执行、内幕交易防控等机制进一步健全，创新业务、突发事件处理等风控措施进一步完善，对公司发展起到了很好的支持作用。基金公司及从业人员规范执业的意识也得到进一步增强。

行业自律管理机制运作顺畅。上海基金同业公会参与“12386”热线投诉处理，整合了行业资源，提升了处理效率，降低了监管成本；新成立的特定客户资产管理业务专业委员会促进专户业务健康发展和规范运作；督察长联席会议、总经理沙龙等活动为行业搭建了沟通交流平台。

3. 期货业

公司合规管理水平不断提升。通过监管信息通报、高管联席会议、合规培训以及首席风险官季度评价等手段，期货公司合规管理能力不断提升。2014年分类评价中，上海市实现了11家期货公司取得A类评价的历史性突破，连续4年在全国保持领先。

期货监管法规进一步完善。为适应期货行业创新发展要求，激发期货行业创新发展活力， 2014年中国证监会颁布了《期货公司监督管理办法》，进一步完善期货公司业务范围，精简期货公司行政许可及备案事项，充分激发市场创新活力。

信息技术基础进一步夯实。期货公司IT治理结构进一步优化。2014年上海市9家期货公司成功接受中国期货业协会信息技术指引回访检查。截至年末，上海市28家期货公司中，信息技术等级达到三类标准的有17家，二类标准的有9家，绝对数量和相对比例在全国均位居前列。

（二）行业创新的深度和广度不断增强

1. 证券公司

证券公司不断增强业务创新的深度和广度。1家公司成为市场首家获得结售汇业务资格的非银行金融机构；2家公司获批开展上市公司股权激励行权融资资格试点；3家公司取得黄金自营、代理或借贷业务资格； 5家公司参与权益类证券收益互换交易业务；6家公司开展互联网证券业务试点；8家公司成为新三板做市商；10家公司开展港股通经纪业务。此外，9家公司共保荐了227家企业在新三板挂牌上市。创新业务效益日益显现，上海证券公司创新业务收入占营业收入的比例由3年前不足10%提高到目前的25%，个别公司已高达35%，行业收入来源从单一通道向多元化转变，收入结构明显改善。有2家公司的资产规模和盈利水平位居行业前5名。

2. 基金公司

组织结构方面，中欧基金开展事业部制改革，并成为全国首家实施股权激励方案的公募基金公司；永赢基金率先实施公募基金公司全员持股。产品创新方面，上海市基金公司相继推出了权益类QDII分级基金、浮动费率制分级基金等创新产品；汇添富、华宝兴业获批公募对冲基金产品。销售方面，借助互联网金融的发展，多家基金公司与京东、腾讯、苏宁等电商平台开展创新合作；兴全添利宝通过和兴业银行“掌柜钱包”合作，成为上海市规模最大的公募基金。

3. 期货公司

2014年，上海市共有9家期货公司取得资产管理业务资格，20家期货公司取得投资咨询业务资格，7家期货公司设立了风险管理子公司，1家期货公司取得基金销售业务资格，各类创新资格数量在全国位居前列。2014年，上海市期货公司资产管理规模增长7倍，投资咨询业务收入增长近3倍，风险管理子公司开展的仓单服务、基差交易等创新业务均在积极稳步推进。

（三）国际化业务加快推进

截至2014年末，上海市共有合资证券公司4家，占全国的36%；合资基金公司25家，占全国的52%；外资代表处69家，占全国近一半。

上海市证券经营机构积极拓展海外业务。截至2014年末，已有5家证券公司、8家基金公司在香港设立分支机构并取得相关业务牌照。5家证券公司的香港子公司实现营业收入55亿港元，净利润23亿港元，同比增长111.6%和91.7%；8家基金公司的香港子公司共设立46只基金，受托资产总额达300亿元。5家证券公司、7家基金公司借助香港子公司获准开展RQFII业务；截至年末，获批规模达419.6亿元，管理RQFII资产254.7亿元。此外，海通证券、国泰君安通过境内外并购布局融资租赁行业；海通国际在新加坡成立了分公司，并先后收购了日本投资股份公司、葡萄牙圣灵投资银行。

与此同时，上海市证券经营机构积极抢占“自贸区”桥头，并借力“沪港通”东风，加快推进国际化战略。截至2014年末，本异地证券公司共在自贸区设立了8家分支机构。本异地证券公司在沪分支机构港股通业务平稳运行，合计开通港股通10.8万户，6.6%的账户进行过交易，累计交易量38.7亿元，持仓余额17.2亿元。

（四）证券市场融资稳步发展

截至2014年末，上海市共有上市公司206家，占全国的7.9%，市值约占全国的11.6%。2014年，上海上市公司境内资本市场直接融资607.51亿元，其中，IPO融资19.62亿元，股票再融资404.79亿元，债券融资183.10亿元。上海经济证券化率[①]达到199.7%，约为全国的3倍，直接融资比重[②]达8.2%，约为全国的2倍。此外，上海市上市公司2014年还进行H股融资14.11亿元。

表4–1　2014年上海上市公司境内资本市场融资情况

融资类型		家次	金额（亿元）	占比（%）
IPO融资	主板	2	3.86	0.64
	中小板	1	4.11	0.68
	创业板	3	11.65	1.92
股票再融资		10	404.79	66.63
债券融资		25	183.10	30.14
合计		41	607.51	100

资料来源：上海证监局相关资料。

二、上海证券机构稳健性评估

（一）证券机构资产和负债情况

1. 证券公司资产规模增长

2014年，上海市证券公司总资产9 168.4亿元，同比增长100.55%；净资产

① 上海经济证券化率=上海上市公司总市值/上海地区生产总值。

② 直接融资比重=资本市场融资/（资本市场融资+新增信贷）。

1 923.9亿元，同比增长13.99%。另外，上海市证券公司合计净资本、托管证券市值、客户资产、金融资产均较2013年末大幅上升，幅度分别为17.5%、61.6%、69.7%、21.0%。

表4–2　2014年上海证券机构经营情况（未经审计）

单位：亿元

项目	2010年（16家）	2011年（17家）	2012年（20家）	2013年（20家）	2014年（21家）
总资产	3 967.4	3 271.3	3 884.2	4 571.6	9 168.4
总负债	2 672.8	1 911.4	2 291.7	2 883.8	7 244.5
净资产	1 294.5	1 359.9	1 592.5	1 687.8	1 923.9
净资本	1 010.2	995.7	1 139.9	1 233.0	1 449.2
营业收入	341.9	276.7	259.2	307.8	518.3
净利润	151.6	103.7	82.8	91.9	211.5

资料来源：上海证监局相关资料。

2. 证券公司风控体系运行良好

根据中国证券业协会2014年初颁布的《证券公司流动性风险管理指引》，证券公司的流动性覆盖率和净稳定资金比率应在2014年12月31日前达到80%，在2015年6月30日前达到100%。截至2014年末，上海市证券公司的平均流动性覆盖率为188.5%，平均净稳定资金比率为118.0%，显示上海市证券公司流动性风险总体可控。此外，上海市证券公司净资本与净资产的比例为75.3%、净资本与各项风险资本准备之和的比例为525.0%，均高于监管指标（分别为40%、100%），这显示净资本覆盖风险的能力保持在较高的水平。

（二）上海证券机构的盈利模式分析

1. 盈利水平明显上升

2014年，受益于股市与债市的双繁荣，上海市证券公司实现跨越式增长，全部实现盈利。上海市证券公司营业收入518.3亿元，同比增长68.4%；实现净利润211.5亿元，同比增长130.1%；平均净资产收益率达到11.0%，远高于2013年同期的5.4%。

2. 信用类业务发展迅猛

2014年，上海市证券公司融资融券业务规模2 295亿元，较2013年末增长了189.2%，利息收入①98.5亿元，同比增长147.5%，收入占比较2013年同期

① 中国证监会自2014年起将证券公司利润表中“利息净收入”按“利息收入”和“利息支出”两大类重新划分，因此，2014年融资融券利息收入98.5亿元为“利息收入”，而非“利息净收入”。

增加了6.1个百分点；股票质押回购待购回金额777.1亿元，较2013年同期增长3倍，利息收入22.3亿元，同比增加4倍；约定购回交易规模有所下降，待购回金额28.8亿元，较2013年同期下降59.7%，利息收入4.3亿元，同比增长189.2%。

3. 资管业务快速扩张

2014年，上海市证券公司资管业务收入29.5亿元，同比增长72.4%，受托资产管理规模2.1万亿元，较2013年末增长了89.0%。资管规模仍以通道业务为主，定向资管规模占比93.0%。从业务收入占比看，资产管理业务收入占总营业收入的比重为5.7%，较2013年提高0.2个百分点。

表4–3　上海证券公司盈利结构数据表

单位：亿元

项目	2013年	结构占比	2014年	结构占比
营业收入	307.8	100.0%	518.3	100.0%
经纪业务收入	148.9	48.4%	207.5	40.0%
证券承销业务收入	29.1	9.5%	47.7	9.2%
资产管理收入	17.1	5.5%	29.5	5.7%
自营业务收入	57.4	18.7%	166.7	32.2%
融资融券收入	39.8	12.9%	98.5	19.0%
净利润	91.9	—	211.5	—
长期股权投资	307.1	—	426.5	—
平均佣金率	0.56‰	—	0.53‰	—

资料来源：上海证监局相关资料。

三、上海证券业发展中需要关注的方面

（一）关注外部风险的传导与暴露

一方面，随着实体经济下行压力加大、企业生产经营困难增多，产能过剩、地方债务、影子银行、房地产等领域风险逐步显性化，金融领域的风险压力日益增大。另一方面，证券公司正逐步向全能型投资银行转型，不同业务之间的相互渗透越来越强，证券行业与其他金融同业之间的合作越来越频繁，虚拟经济与实体经济之间的关系越来越紧密，刚性兑付被打破的概率加大。单一领域的风险爆发或单个“黑天鹅”事件，都可能会形成“蝴蝶效应”，向外渗透、传递。

（二）关注内部风险敞口与杠杆率的提升

近年来，机构的业务结构和风险特征主要发生三个变化：一是表内到表外，部分表外业务隐含表内业务，边际风险增高；二是场内到场外，业务流程、资金流水、账户管理等渐趋复杂化，透明度有所降低；三是低杠杆到高杠杆，既包括公司本身的资产杠杆，又包括为客户提供的杠杆。总体而言，经营结构较之前的同质化模式发生了较大改变，业务本身的交叉化、复杂化、杠杆化、程序化，都使风险隐患不断增强。在本轮创新发展中，证券公司资本消耗型业务发展最快，加杠杆进程明显提速，2014年上海市证券公司杠杆率从年初的2倍增长到年末的3.4倍。

（三）关注创新业务的合规风控

伴随证券行业的创新发展与深化转型，证券公司综合化经营程度越来越高。一方面，互联网对证券行业产生了一定冲击，证券公司通过与互联网巨头的跨界合作或自身向互联网金融的反向渗透，角色转换由“被搅局者”开始向“适应者”过渡。信息系统的升级换代、线下业务的“触网”重塑，都涉及对传统业务流程、运营模式的改造。另一方面，伴随制度红利释放、监管转型提速、对外开放加快的“新常态”，新理念、新业务、新产品越来越丰富，行业的组织、业务和产品模式越来越复杂。这些新的变化，都对合规风控提出了新的挑战。相对创新转型的持续深入，目前证券公司合规风控体系尚存在系统支持不足、人员配置不足、话语权不足等问题，需要克服的疑点、难点、盲点仍然较多，合规风控的水平和能力有待进一步提升。

第五章

保险业

2014年，上海市保险业坚持稳中求进，以深化保险业改革开放为契机，支持上海自贸试验区建设；以谋划上海国际保险中心实施战略为目标，促进上海国际金融中心建设；以创新驱动为关键，促进经济提质增效和转型升级；以服务特大型城市管理为导向，推进社会综合治理和民生保障。2014年，上海市保险业各项工作进展顺利，成效显著，在国内示范引领作用明显增强，国际影响日益彰显。

一、上海保险业发展运行情况

（一）市场主体数量大幅增加，保险机构集聚

截至2014年末，上海市共有50家法人保险机构，较2013年末增加1家，其中保险集团1家，财产险公司18家，人身险公司22家，再保险公司3家，资产管理公司6家；共有88家省级保险分支机构，较2013年末增加13家，其中财产险分公司45家，人身险分公司41家，再保险分公司2家。截至2014年末，上海市共有213家保险专业中介法人机构，其中保险代理机构106家，保险经纪机构63家，保险公估机构44家；共有150家保险专业中介分支机构，其中保险代理机构75家，保险经纪机构50家，保险公估机构25家。

具体来看，全国186家保险公司中已有109家入驻上海，在沪保险公司主体数占全国总数的59%；在沪法人保险机构数量位列全国第2，约占全国总数的1/3；外资保险总公司27家，约占全国总数的一半。航运保险中心、资金运用中心、数据中心、电网销中心等功能性机构达63家。上海市保险市场的机构多样性、市场化程度和对外开放水平在全国首屈一指。

（二）资产规模稳步提升，保险资金有力支持民生工程

截至2014年末，上海保险业总资产（含法人公司）达到19 966.21亿元，约占全国保险业总资产的20%；6家在沪保险资产管理公司受托管资产规模超过3万亿元，占全国总数的近一半；3家在沪养老保险总公司企业年金受托管资产1 610亿元，占全国保险业总数的55%。2014年，保险资金投资上海市重大基础设施和不动产债权计划规模过千亿元，位列全国之首。同时，在全国也尝试以多种方式利用保险资金支持旧区改造、保障房建设、交通设施、医疗养老服务等民生工程。

（三）保费收入稳步增长

截至2014年末，上海市原保险保费收入累计986.75亿元，同比增长

20.13%。其中财产险公司原保险保费收入343.17 亿元，同比增长12.58%；人身险公司原保险保费收入643.58亿元，同比增长24.58%。产、寿险公司原保险保费收入比例为35 : 65。中、外资保险公司原保险保费收入比例为85 : 15。

表5–1　上海原保险保费收入、保险密度及保险深度一览表

年份	原保险保费收入（亿元）	占全国总保费收入比例（%）	保险密度（元/人）	保险深度（%）
2005	333.62	6.8	2 452	3.66
2006	407.04	7.2	2 992	3.96
2007	482.64	6.9	3 528	4.02
2008	600.06	6.1	4 352	4.55
2009	665.03	6.0	4 821	4.46
2010	883.86	6.1	6 310	5.20
2011	753.11	5.3	3 208	3.92
2012	820.64	5.3	3 496	4.08
2013	821.43	4.8	3 451	3.80
2014	986.75	4.9	4 068	4.19

资料来源：2005—2006年数据来自《上海保险年鉴》，2007—2012年数据来自中国人民银行上海总部。2005—2010年保费收入数据口径适用于旧会计准则，2011—2014年适用于新会计准则。

（四）赔付支出尤其是寿险给付支出大幅增长

截至2014年末，上海市保险赔付支出累计378.66亿元，同比增长25.40%。其中财产险赔款支出177.24亿元，同比增长9.18%；寿险给付支出158.41亿元，同比增长53.55%；健康险赔款给付支出37.51亿元，同比增长17.89%；意外险赔款支出5.50亿元，同比增长18.80%。

表5–2　各项保险业务赔付支出

单位：亿元

年份	财产险	增长率（%）	寿险	增长率（%）	健康险	增长率（%）	意外险	增长率（%）
2009	78.50	–1.27	76.27	–14.34	19.46	45.73	2.51	14.57
2010	84.26	7.33	81.23	6.50	26.00	33.65	3.05	21.52
2011	104.32	23.81	92.08	41.01	60.68	186.89	3.63	18.99
2012	138.63	32.88	87.99	–4.44	25.14	–58.58	4.04	11.29
2013	162.33	17.10	103.17	17.25	31.82	26.58	4.63	14.77
2014	177.24	9.18	158.41	53.55	37.51	17.89	5.50	18.80

资料来源：上海保监局相关资料。2009—2010年赔付支出数据口径适用于旧会计准则，2011—2014年适用于新会计准则。

（五）上海保险业改革稳步推进

2014年，上海市保险业改革稳步推进。一是构建功能强劲的自贸区保险市场体系，鼓励保险市场主体创新。创设太保安联健康保险股份有限公司等专业性保险公司和航运中心等功能性保险机构，以及上海人寿等混合所有制保险公司，注重区内改革的制度红利向区外辐射带动，区内离岸保险业务顺利起步。二是加强市场基础和环境建设，以航运保险为重点推进保险业务和模式不断创新。上海船舶险和货运险的保费收入分别达到全国的43.56%和16.96%，合计保费收入40.19亿元，占全国船货险保费收入的26.7%，超过中国香港和新加坡船货险保费收入之和，占英国劳合社市场船货险保费收入的18.35%。三是推动地方经济转型升级。创新推出“科技型中小企业短期贷款履约保证保险”项目，累计为近500家企业提供了近40亿元的贷款支持额度，支持的信贷规模逐年呈几何级增长，促进中小微科技企业的成长作用十分明显。四是创新发挥都市型农业保险保障功能。在全国首创了蔬菜气象指数保险，创新推出生猪价格指数保险。农业保险为全市种养两业提供风险保障数额占农业总产值首次超过50%，与市民生活密切相关的大宗农产品覆盖率达到100%，全年赔款共计2.67亿元，受益农户超过2 000余户次。五是创新运用保险机制提升服务大局能力，完善保险的社会保障作用。联合相关部门形成了“全市统筹、财政托底、按病种补偿、社区定向转诊”具有上海特色的大病保险运行机制，突出解决重特大疾病患者负担重问题。截至2014年末，上海市大病保险已经实现上海市全覆盖，为近400万人群提供大病风险保障。六是责任保险有力保障城市公共安全。截至2014年末，责任保险提供风险保障4.66万亿元。其中，在食品安全方面提供风险保障25.35亿元；在环境污染方面提供风险保障50.38亿元；社区综合保险、校方责任险、养老机构责任险实现上海市全覆盖；通过保费浮动奖优罚劣，鼓励安全驾驶行为。

二、上海保险机构稳健性运营情况

（一）整体实力大幅增强，盈利能力显著提高

截至2014年末，上海市法人保险机构[①]总资产共计7 590.73亿元，同比增长

① 包括法人注册地在上海的37家保险公司和6家保险资产管理公司全国分支机构的汇总数据，未包括东方人寿保险股份有限公司（2004年起停业整顿至今）和3家再保险公司。由于太保集团尚未披露2014年年报，因此未包括太保集团、太保寿险和太保产险的数据，下同。

42.41%。其中，产险公司总资产1 277.79亿元，同比增长50.68%；人身险公司[①]总资产6 222.12亿元，同比增长41.01%；资产管理公司总资产90.82亿元，同比增长30.78%（图5-1）。

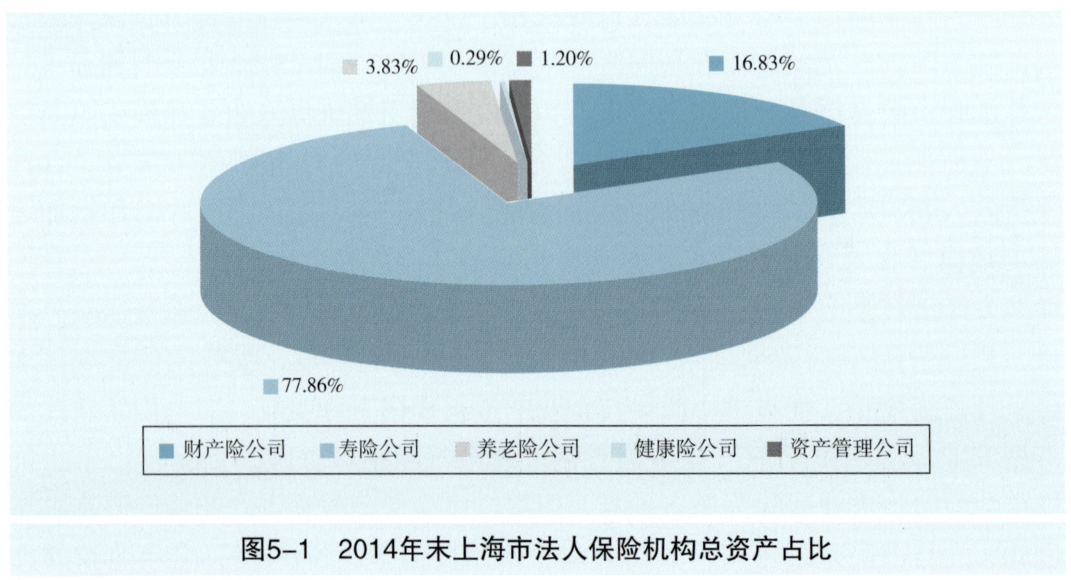

图5-1　2014年末上海市法人保险机构总资产占比

2014年，上海市法人保险机构共实现净利润101.57亿元，较2013年大幅增长174.62%。其中，财产险公司实现净利润18.77亿元，同比增长221.50%；人身险公司实现净利润65.61亿元，同比增长242.07%；资产管理公司实现净利润17.18亿元，同比增长43.62%。

财产险公司中，有6家公司出现不同程度亏损，较2013年增加1家。2014年，永诚保险和众安保险扭亏为盈，太阳联合保险、信利保险和美亚财险分别出现不同程度的亏损，史带保险、国泰财险和丘博保险连续亏损。人身险公司中，国华人寿、国泰人寿、海康人寿、汇丰人寿、中德安联和长江养老等6家公司扭亏为盈，亏损公司的数量下降为6家。

（二）保费收入稳步增长，业务结构明显优化

截至2014年末，上海市法人保险机构实现原保费收入2 009.81亿元，同比增长27.52%。其中，产险公司实现原保费收入591.77亿元，同比增长12.23%；人身险公司实现原保费收入1 418.05亿元，同比增长35.20%。

从财产险公司来看，截至2014年末，上海市法人财产险公司车险保费收

① 包括人寿保险公司、养老险保险公司和健康保险公司，下同。

入为431.30亿元，同比增长11.74%，占财产险公司业务收入比重为72.88%，较2013年同期下降0.32个百分点；意外险保费收入为26.21亿元，同比增长15.33%，占财产险公司业务收入比重较2013年上升0.12个百分点（图5-2）。

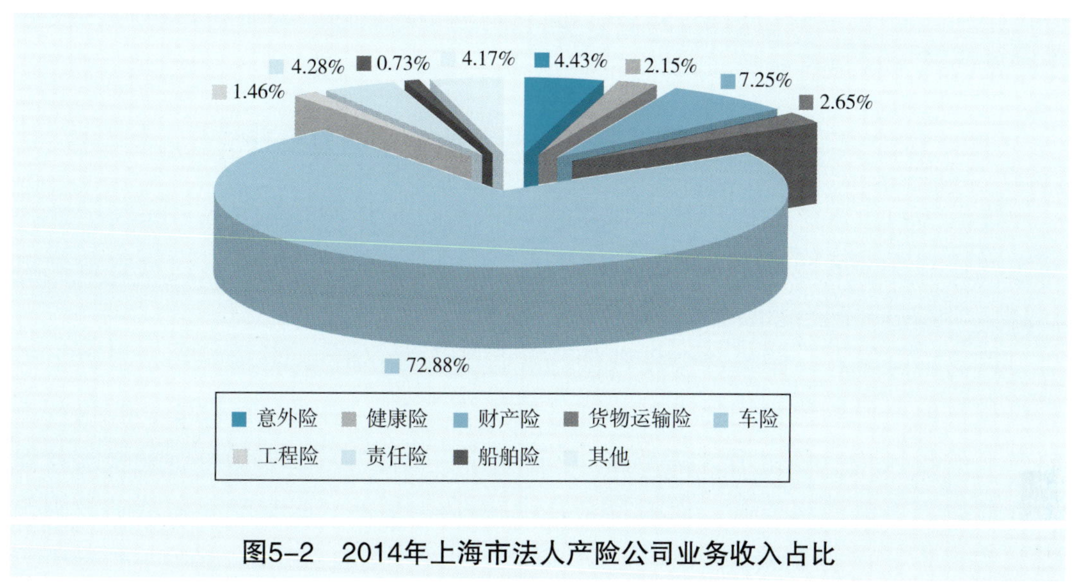

图5-2　2014年上海市法人产险公司业务收入占比

从人身险公司来看，截至2014年末，上海市法人人身险公司保障功能最强的普通寿险保费收入达449.87亿元，较2013年同期大幅增长393.66%，占人身险保费收入的比例也由2013年的8.69%上升至31.72%；健康险保费收入达175.85亿元，同比增长39.02%，占人身险保费收入的比例也由2013年的12.06%上升至12.40%；意外险保费收入达66.95亿元，同比增长17.12%。保险业保障功能进一步发挥。与此同时，分红险保费收入仅为724.32亿元，同比下降6.31%，占人身险保费收入的比例也由2013年同期的73.71%下降至51.08%（图5-3）。

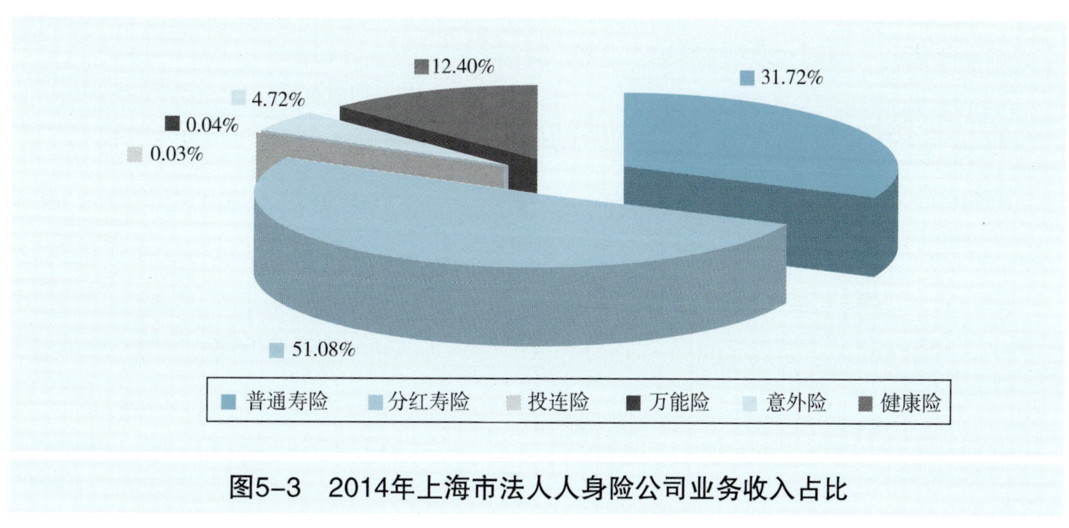

图5-3　2014年上海市法人人身险公司业务收入占比

（三）偿付能力充足率总体良好，风险整体可控

按照中国保监会《保险公司偿付能力管理规定》的划分标准，截至2014年末，上海市36家法人保险公司[①]偿付能力充足率情况整体良好，所有法人保险公司偿付能力充足率均高于150%，属于充足II类公司，风险整体可控，没有出现系统性和区域性风险。

（四）保险资金运用余额稳步增长，投资收益率明显上升

截至2014年末，上海市法人保险机构保险资金运用余额达6 703.24亿元，同比增长39.51%；实现投资收益348.87亿元，同比增长68.86%；投资收益率达5.20%，较2013年提高0.74个百分点。

截至2014年末，保险资金投资债券和银行存款的比重明显下降，投资上市股票和其他项目的比重明显上升，在证券投资基金、基础设施投资、股权和不动产上的投入均有所上升（表5–3）。随着第三季度以来股市大幅上涨以及保险资金投资渠道逐步放开，保险资金在上市股票投资、其他投资和基础设施投资上的投资比例分别较2013年上升3.30个、7.73个和0.66个百分点。上海市法人保险机构对股权的投资比重较2013年大幅上升0.73个百分点，主要集中在与保险公司自身关系密切的公司（表5–4）。

表5–3 2014年末上海市法人保险机构保险资金运用情况

投资项目	2014年末（亿元）	占比（%）	2013年末（亿元）	占比（%）
债券投资	3 024.36	45.12	2537.45	52.81
银行存款	1 268.55	18.96	1189.11	24.75
上市股票投资	449.65	6.71	163.98	3.41
证券投资基金	298.75	4.57	172.87	3.60
基础设施投资	255.39	3.81	151.25	3.15
不动产投资	129.67	1.93	88.62	1.84
股权投资	115.04	1.72	47.51	0.99
其他投资	1 151.78	17.18	454.20	9.45
合计	6 693.20	100.00	4804.99	100.00

资料来源：中国人民银行上海总部相关资料。

① 包括财产保险公司17家（不包括太保财险），人寿保险公司15家（不包括太保寿险和已停业整顿的东方人寿），养老保险公司2家（由于长江养老保险公司经营信托型企业年金管理业务和养老保障委托管理业务，故不适用偿付能力信息披露要求），健康保险公司2家。

表5-4　2013—2014年上海市法人保险机构股权投资情况

日期	保险公司名称	投资公司名称	投资金额（万元）
2013-03	永诚保险	永鑫保险销售服务有限公司	5 100
2013-03	国华人寿	华瑞保险销售有限公司	5 000
2013-05	太平洋人寿	天津隆融置业有限公司	41 400
2013-06	太平洋人寿	中石油管道联合有限公司	150 000
2013-07	太平人寿	太平置业（苏州）	14 462
2013-08	太平洋人寿	顺丰速运（集团）有限公司	44 000
2013-09	太平洋财险	顺丰控股（集团）有限公司	11 000
2013-10	华泰财险	华泰世博置业有限公司	10 000
2013-11	安盛天平	安盛天平保险销售有限公司	5 000
2013-12	太平人寿	京汇通置业	159 827
2013-12	太平人寿	太平置业（南宁）	12 000
2014-01	大地保险	中国再保险资产管理有限公司	5 000
2014-06	太平养老	南宁金通	2 000
2014-07	太平人寿	太平石化金融租赁有限公司	250 000
2014-07	大地保险	中再资产发起设立内部另类投资（私募股权基金）产品第一期	3 557.67
2014-09	天安保险	上海信泰天安置业有限公司	152 500

资料来源：中国人民银行上海总部相关资料。

三、上海保险业发展中需要关注的方面

（一）关注资金运用风险

随着第三季度以来股市上涨，保险业加大了权益类投资力度。截至2014年末，上海市法人保险公司上市股票投资和证券投资基金投资余额合计为748.40亿元，占比11.28%，比2013年末上升4.27个百分点。权益类投资和另类投资拉升了保险资金运用收益率，全年资金运用收益和投资收益率创5年来最好水平。但目前经济下行压力较大，信用风险有所上升，低等级信用债以及部分另类投资项目风险显著增加。根据《国务院关于加强地方政府性债务管理的意见》，地方政府进行债务甄别工作，部分地方融资平台债务将不能被认定为政府债务，风险变数加大。近一段时期，国际大宗商品价格和我国资本市场波动性增大，保险投资也面临一定挑战，资金运用风险也在积累。

专栏5　上海保险资产管理公司投资两融债权收益权业务风险情况分析

截至2014年末，上海市共6家法人保险资产管理公司，其中3家开展了投资两融债权收益权（以下简称两融收益权）业务。

一、上海市保险资管产品投资两融收益权业务现状

截至2014年末，上海市保险资产管理公司投资两融收益权的资金余额总计为259.45亿元（表1）。6家保险资产管理公司均表示近期不会新设该类产品，并预计2015年该业务规模增长将有所放缓。

表1　上海市投资两融收益权的保险资产管理产品汇总表

公司名称	产品规模（亿元）	产品名称	余额（亿元）	期限	实际收益率
华泰资产管理有限公司	189.30	华泰资产债权收益权一号资产管理产品	161.15	304.89天	6.35%
中国人保资产管理股份有限公司	87.30	人保资产–债权收益权1、2.3、5、6、7、8、9、10、11、14、15、16、17、18号产品	87.30	6个月至3年	5.9%~6.45%
民生通惠资产管理有限公司	11	民生通惠两融1、2、3号产品	11	3个月、1年、2年	5.6%~6.3%

二、保险资管产品投资两融收益权业务风险总体可控

（一）产品发行前在保监会备案，并受到严格监管

上海市各家保险资产管理公司设立两融收益权资管产品均向中国保监会进行了事前备案，获得同意后方开展该业务。保监会向保险资管公司内部通报了可合作的券商建议名单，均为规模较大、风控能力较好的券商。保险资管公司仅在该名单范围内选择合作券商。

（二）券商对收益权兜底回购，慎重选择合作券商为重要风控手段

从产品结构上看，该业务实质是保险资产管理公司对券商融出资金，为券商开展融资融券业务提供资金支持。保险资产管理公司作为资金融出方，第一还款来源为券商对融资融券客户融出资金所形成债权对应的收益。但在实际操作中，券商承诺到期后溢价回购兑付产品的本金及收益，券商回购是

该业务的第二还款来源。选择风控能力强的大券商作为对手方，保证第二还款来源可靠，是两融收益权资管产品最主要的风险管理手段。

保险资产管理公司普遍认为，融资主体的投资账户亏损到一定程度时券商可进行强行平仓，券商损失本金的可能性较小，且保险资管公司选择的交易对手均为风险管理能力较强的大券商，因此两融收益权是相对安全的投资品种。

三、存在的风险和建议

（一）两融债权不能转让，保险资管公司不能实行违约“穿透”追偿

保险资管产品投资两融收益权业务中，融资客户质押的股票资产形成的债权本身无法进行转让，即融资客户质押的股票并不转质押给保险资产管理产品。产品存续期内，股票资产仍留在券商资产负债表内，券商负责管理融资资产的放款、预警及平仓。若证券公司未如期履行回购义务，保险资产管理公司无权向资产包中相关的融资客户进行“穿透”追偿。

因此，保险资管产品投资两融收益权最主要的风险为对手方即券商的信用风险。近期，证券公司两融业务规模增长迅速，交易杠杆率显著提高，少数证券公司短借长贷问题突出，面临较大的流动性风险隐患；个别信用交易客户高比例持有单一担保证券，存在信用风险。在这种形势下，保险资管产品投资两融，需持审慎态度，严格筛选交易对手，提高风险判断和风险管理能力。

（二）资产包内资产构成由券商决定并告知，尚无具有公信力的第三方查询渠道

根据保监会要求，保险资产管理公司投资两融收益权，要求券商提供的资产包内资产总额不得低于回购价款的130%。资产包内的股票可更换，一般保险资产管理公司要求券商每周更新资产清单。保险资产管理公司根据单只股票占比、股票市值等标准对资产包中的股票进行甄别，有权要求券商调换不符合该公司合规要求的资产。

但是部分保险资产管理公司对资产包内信息是否真实、所含股票是否重复质押表示担心。目前尚无具有公信力的第三方渠道查询并证实相关信息。保险资产管理公司若要核实资产包内股票信息，需按照合同约定条件，到合作对手方的系统中查证；或者到中国证券登记结算公司查询某只股票的整体抵质押情况，无法做到和单只资管产品资产包内股票一一对应。这其中存在较大风险隐患，也是部分资产管理公司不发行此类产品的顾虑所在。

随着两融收益权转让业务的进一步发展，需完善股票质押登记和查询制度，允许投资方通过便利的渠道查询债权所对应的具体资产信息，保证债权收益权作为相关资管产品还款来源的真实、可靠。

（二）关注人身险公司面临的现金流压力

2014年，上海保险业寿险给付支出累计达158.41亿元，同比增长53.55%，其中满期给付支出占绝大部分。上海市法人人身险公司全年退保金累计182.14亿元，同比大幅增长81.41%，其中普通寿险全年退保金累计21.15亿元，同比大幅增长184.78%。退保高企的重要原因是人身险公司前期大量销售高现金价值产品，这些产品变相鼓励中短期退保，把名义长险变为实际短险，从而造成投保人策略性退保。由于大部分退保可预期、可测算，人身险公司可通过销售新产品进行对冲，风险总体可控。但满期给付和退保规模快速上升，导致经营性现金净流入量下降，加大了人身险公司流动性压力。2015年仍是满期给付高峰年，前几年销售的分红产品陆续到期，更多公司面临满期给付压力。此外，一些短期高现金价值产品可能出现高退保，未来人身险公司经营性现金流将承受更大压力。

（三）关注人身险公司投诉量持续增长

2014年，上海市保监局接到投诉总量累计为2 053件，较2013年增加85件，其中有效投诉921件，较2013年增加13件。2014年，上海市保险业加大了对保险中介市场的整治工作，保险中介投诉量明显下降，财产险公司投诉量也下降了13.48%，但人身险公司投诉量却明显上升，全年投诉总量累计为1 837件，较2013年增长145件，其中有效投诉745件，较2013年增加30件。在国家全面深化改革和新国十条出台的大背景下，人身险行业能力建设明显滞后，存在人才储备少、基础数据缺乏、政策理解不透、机构人员庞杂、管理方式落后、内部控制薄弱等自身能力建设方面的不足，与消费者的需求相比，还有较大差距。人身险行业的自身服务能力亟待进一步提高。

（四）关注个别产险公司综合成本率上升

2014年，上海市法人财产险公司综合成本率整体较2013年下降。其中，4家法人财产险公司综合成本率上升，1家保持不变，其余较2013年下降。个别财产险公司综合成本率明显上升，如信利保险公司和太阳联合保险公司综合成本率分别为257.54%和142%，较2013年分别上升172个和32个百分点，需要重点关注。

第六章

金融基础设施建设

2014年，人民银行上海总部以国际金融中心和上海自贸区建设为契机，不断推动上海市金融基础设施建设工作取得新进展。加强支付清算基础设施建设，创新上海自贸区支付结算业务，推动非现金支付工具推广与管理。充分发挥征信体系作用，提升服务水平，推动小型微型金融机构、类金融机构接入金融信用信息基础数据库，促进评级市场的健康发展。按照风险为本的反洗钱工作原则，积极调整反洗钱监管模式，创新自贸区反洗钱监管措施。

一、支付体系建设稳步推进

（一）支付清算基础设施建设

2014年，人民银行上海总部成功实施上海市参与机构第二代支付系统上线切换工作，所有支付系统法人参与者分三批全部顺利切换为第二代支付系统报文标准。顺利完成中央银行会计核算数据集中系统（ACS）在人民银行上海总部的上线运行工作，切实提高了中央银行会计核算效率。完成ACS综合前置子系统在上海市的两批推广上线工作，指导各上线机构通过ACS综合前置子系统正确办理业务，确保系统运行稳定，业务办理顺畅。

支付清算系统运行稳定。2014年，上海市大额支付系统共办理支付系统往、来账业务8 166.92万笔，清算资金共计603.93万亿元，同比分别增长17.49%和17.19%。小额支付系统处理业务25 065.94万笔、金额4.79万亿元，同比分别增长18.57%和28.52%。全国支票影像交换系统共发生业务35.96万笔、金额 302.18亿元，同比分别下降7.18%和5.50%。上海同城清算业务5 800.60万笔，金额24.84万亿元，同比分别增长4.02%和18.09%。

（二）上海自贸区支付结算业务创新

1. 支持支付机构开展跨境人民币支付业务

2014年，人民银行上海总部制定了《关于上海市支付机构开展跨境人民币支付业务的实施意见》（以下简称《实施意见》），作为金融支持中国（上海）自贸区建设的首项业务细则予以发布。《实施意见》坚持促进创新与防范风险并重的监管原则，创新性地提出在目标风险可控的前提下，实行负面清单管理、事后备案、上海市支付机构无须在自贸区设立实体公司等举措，同时要求支付机构严格建立并落实客户实名制、客户风险评级管理、风险准备金与交易赔付、交易和信息安全管理等制度，有效提升和引导支付机构在规范、稳健经营中谋求创新和发展的积极性。截至2014年末，上海市已有8家机构申请开办了跨境人民币支付业务，累计有6家支付机构与9家境内商户、208家境外商户签订了业务合作协议，共发生跨境人民币支付业务7.39万笔、金额12.58亿元。

2. 启动人民币自由贸易账户管理体制改革

指导上海市银行业金融机构为存款人办理自由贸易账户业务开辟“绿色通道”，指定人员负责自由贸易账户开立、变更和撤销的审查和管理，有效缩短业务办理时间，提高服务质量。对单位存款人开立自由贸易账户暂不执行生效日制度，即自正式开立之日起即可办理资金收付款业务，满足存款人对自由贸易账户便捷、高效的服务需求。指导银行业金融机构遵循展业三原则，合理、审慎评估存款人的风险特征，采取多种切实可行、高效便捷的管理和技术手段，对不同风险特征的存款人采取相应的客户身份识别措施，有力地支持了黄金交易所国际板会员的开户工作。

3. 实施自贸区支付清算基础设施优化升级

为打造各类自贸业务金融服务的支付清算平台，提升自贸区资金清算效率，积极组织开展上海支付结算综合业务系统自贸区业务流程设计、业务需求编写、接口方案拟定、系统管理制度拟写、业务培训和联调测试等工作。在原系统功能基础上，新增自贸区贷记业务、贷记转汇业务和贷记退汇业务，并预留了自贸区借记业务和借记冲正业务，可支持FT*账户与普通账户、FT*账户与FT*账户、FT*账户与NRA账户间的资金清算。系统还可以通过对资金流量和资金流向控制，进一步保障资金安全，满足监管需要，加强风险审慎管理能力。

（三）非现金支付工具业务推广与管理

1. 组织财务公司实施电子商业汇票线上清算业务试点

2014年，人民银行上海总部指导和督促2家财务公司按照总行统一部署，完成与电子商业汇票系统和大额支付系统对应的内部系统修改、开发工作。组织2家财务公司和其他18家法人机构参加联调测试工作，并实现上海市2家财务公司成功上线运行线上清算模块，有效地提高了电子商业汇票业务的处理效率和业务安全性。

2. 优化上海市电子商业汇票业务发展环境

利用财务公司线上清算业务试点的测试环境，部署上海市35家法人和管理行关于电子商业汇票系统互连互通的测试工作，解决当前困扰各机构的跨行业务开展不顺畅问题。下发《关于2013年上海市电子商业汇票业务发展情况的通报》，督促各机构制定电子商业汇票承兑、直贴业务占比增长目标，以供应链核心企业为突破口大力推广电子商业汇票业务。

3. 认真开展票据信用管理

全年发出针对违规签发支票行为的行政处罚意见告知书38 400份，对应发出行政处罚决定书19 538份。共受理拟被处罚单位陈述申辩材料4 524份，向银行发出协查278份。两次编制并印发了“支票黑名单”和“商业承兑汇票黑名单”，通报了4 852家单位违规签发的74 197笔支票的基本信息，91家单位违规签发986笔商业承兑汇票的基本信息，并建议银行对95家严重违规单位采取暂停支付结算的措施。

（四）支付服务市场监管

1. 深化非金融支付服务市场管理

2014年，人民银行上海总部对5家银行卡收单支付机构开展执法检查，并对上海市所有预付卡机构进行以备付金业务为重点的核查。细化上海市贯彻落实客户备付金核对校验机制的具体措施，依托监管系统建设，进行备付金核对校验机制功能开发。顺利推进上海市支付机构监管信息系统建设，实现上海市支付机构监管信息系统（一期）项目上线。

2. 推动行业自律管理

广泛征求54家支付机构和31家在沪中资商业银行意见，围绕协会筹建工作中需重点关注的问题，实地走访了上海市银行同业公会，了解行业协会运作模式。向上海市社会团体管理局咨询了社会团体管理最新政策，并与中国支付清算协会、山东省支付清算协会、江苏省支付清算服务协会进行了沟通。拟定了协会筹建方案和协会章程等，切实有效推动行业自律管理。

3. 做好人民币银行结算账户管理

根据总行关于开展全国存量个人人民币银行存款账户相关身份信息真实性核实验收工作的部署，细化上海市存量个人银行账户真实性核实工作验收的内容及评分标准。开展上海市同业存放账户开立和使用情况调研，组织上海市各银行对存量人民币同业银行结算账户业务进行自查和规范。

二、发挥征信体系作用，支持国际金融中心建设

（一）企业和个人征信系统稳定运行

企业及个人征信系统运行情况稳定，发挥了金融基础设施的重要作用。截至2014年末，上海市各金融机构共开通个人征信系统查询网点2 340个，用户2 611个。企业征信系统查询网点1 797个，查询用户5 245个，月均查询量分别

为493万次（个人）和41万次（企业）。2014年累计审核开通企业征信网点104家，个人征信网点36家。

（二）稳步扩大征信系统接入范围

推动小型微型金融机构、类金融机构接入征信系统，进一步加强与上海市金融服务办沟通协调，共同组织推动上海市小额贷款公司和融资性担保公司接入金融信用信息基础数据库工作稳步开展，在确保数据报送质量的前提下，推动全市更多小型微型金融机构、类金融机构接入征信系统。

（三）保障征信系统的合规使用

一是组织金融机构进一步贯彻落实《征信业管理条例》相关规定，全面规范征信业务内控制度的建设和执行，将征信管理纳入综合考核评价范围，加大对征信系统的管控和自查力度，完善异常查询的预警机制和处置程序，积极通过开发征信系统前置程序，加强对征信系统用户的动态管理等方式，从源头上杜绝征信业务投诉和诉讼案件的发生，保障征信系统的合规使用，有效防范合规风险。

二是常态化开展《征信业管理条例》贯彻落实情况的现场和非现场检查工作，不断加大异常查询监测和信息泄露行为的查处力度，依托征信管理系统，建立金融机构征信业务报备和统计制度，逐步形成常规动态监管机制。

三是严格按照《征信投诉办理规程》处理各类征信异议和投诉，逐步完善对征信维权工作的流程监控，加强信访案件的办理，异议处理回复率达到100%，积极维护信息主体的合法权益。

（四）加强培育与管理，促进评级市场的健康发展

一是积极转变评级管理模式，完善评级机构备案制度，用市场化机制和手段培育信贷评级市场，推进信用评级业务的稳定运行，保持信贷评级市场稳定与健康发展。2014年共有10家评级机构备案，上海市借款企业参评数量为6 594户。

二是由偏重于事前资质认可转变为事中、事后监测和信息披露，完善评级业务月报、季报、评审会会议纪要及报表上报制度，加强征信管理系统和违约率系统评级业务的统计监测分析，加强行业自律制度建设，不断提高信用评级的独立性和市场公信力。

三是积极开展小额贷款公司和融资性担保公司信用评级工作，继续加强与市金融办的协调和合作，下发开展两类机构信用评级工作的通知，建立完善的工作配套方案，推动实施两类机构评级。同时，与浦东新区商务委合作建立商业保理公司信用评级联动推进工作机制，探索开展商业保理公司信用评级工

作。2014年，上海共对71户小额贷款公司、17户融资性担保公司、12户商业保理公司进行了评级。

三、反洗钱工作深入开展

（一）依法开展反洗钱执法检查

2014年，人民银行上海总部依法开展了对2家信托、1家基金公司、1家支付公司和1家银行，共5家机构的反洗钱执法检查。按照加强法人整体性监管的思路，在检查过程中，人民银行上海总部注重对反洗钱组织机构建设、内控制度建设、工作流程设计、系统建设有效性的检查，注重发现制度性、系统性、执行性问题。同时，积极贯彻以风险为本的反洗钱工作思路，在根据各机构业务经营特点查找洗钱风险点的基础上，检查其洗钱风险控制措施的有效性。通过执法检查，以点带面，努力推动行业反洗钱工作水平的提升。

（二）通过反洗钱走访突出重点领域监管

针对支付机构业务创新快、反洗钱基础相对薄弱等实际情况，人民银行上海总部对部分支付公司开展了非现场监管走访和调研。通过走访，较为全面地了解了支付机构的业务类型、工作流程、经营特点，查找出当前支付机构反洗钱工作中存在的普遍性问题，并针对性地提出监管建议。

（三）加强对新机构、新业务准入前的反洗钱制度合规性审核

在银行机构方面，人民银行上海总部根据《上海市金融机构自贸试验区业务反洗钱措施评估试行办法》，完成了对申请开办自贸试验区分账核算业务的13家中资银行和4家外资银行的评估，有力督促并指导银行合理安排各项自贸试验区业务反洗钱措施。在支付机构申请/新增支付业务类型时，人民银行上海总部对支付机构提交的反洗钱措施材料的合规性进行审查，指导机构根据自身业务特点和经营模式制定切实有效的反洗钱合规管理框架和机制，并相应提出改进建议。

专栏6　构建中国（上海）自由贸易试验区反洗钱和反恐怖融资监管框架

一是发布自贸区反洗钱工作细则。为支持中国（上海）自由贸易试验

区建设，维护自贸试验区正常的市场经济秩序，经人民银行总行同意，人民银行上海总部印发了《关于切实做好中国（上海）自由贸易试验区反洗钱和反恐怖融资工作的通知》（以下简称《通知》）。《通知》要求各反洗钱义务机构严格依法履行反洗钱义务，建立健全与自贸试验区业务有关的反洗钱内部控制制度；为自贸试验区资金监测和分析提供系统支持；采取与风险水平相适应的客户尽职调查和风险处置措施，重点强化客户实际控制人或交易实际受益人的尽职调查；加强对自由贸易账户及主体的监测和分析，做好自由贸易账户资金划转的背景审查；强化创新业务的反洗钱审查要求，在配备与风险相当的控制措施后开展创新业务；加强自贸试验区跨境业务全流程的反洗钱风险管理，做好反洗钱审查、资金监测和名单监控工作。

二是与自贸试验区管委会建立反洗钱合作机制。在《通知》发布的同时，上海总部与自贸试验区管委会签署了反洗钱交流合作备忘录，该机制旨在协调双方按照高效务实、各司其职、协同配合的原则，加强自贸试验区反洗钱交流与合作，确保各项金融改革与发展政策措施在自贸试验区的平稳运行。

三是制定金融机构自贸试验区反洗钱措施评估办法。为加强自贸试验区反洗钱风险管理工作，上海总部在发布《通知》的基础上，配套制定了《上海市金融机构自贸试验区业务反洗钱措施评估试行办法》，细化了自贸试验区反洗钱和反恐怖融资工作的监管要求，通过反洗钱评估加强对拟开展和已开展自贸试验区业务机构的指导，丰富了自贸试验区业务反洗钱监管手段。

四是完成上海市可疑交易报告表和系统调整。根据《通知》要求，上海总部调整了现有的上海市重点可疑交易报告表和系统，新增自贸试验区主体和业务选项、敏感国家和组织列表等要素。各机构在向中国反洗钱监测分析中心报送自贸试验区可疑交易报告的同时，须按调整后的上海市可疑交易报告表向上海总部报送自贸试验区可疑交易报告。调整后的上海市可疑交易报告表和系统将更有助于分析人员辨析和调查与自贸试验区相关的可疑交易报告。

五是开展自贸区金融机构创新业务反洗钱走访。为了进一步掌握自贸试验区业务反洗钱工作情况，切实加强开放条件下的洗钱风险防控，上海总部以“非现场监管走访”的形式对首批通过自贸试验区分账核算业务验收的7家商业银行开展了反洗钱走访。此次走访不仅掌握了各机构自2014年

3月以来在开展自由贸易账户业务、跨境人民币创新业务以及外汇创新业务等自贸试验区业务过程中执行反洗钱规定的情况，还进一步强化了银行对开放条件下反洗钱工作的认识，有效督促并推进了自贸试验区业务洗钱风险防控工作。

六是举办自贸试验区反洗钱业务培训。根据自贸试验区特点，上海总部着力加强反洗钱义务主体的履职能力，联合自贸试验区管委会举办了自贸试验区反洗钱培训班，对《中国人民银行上海总部关于切实做好中国（上海）自由贸易试验区反洗钱和反恐怖融资工作的通知》进行了政策解读，向在沪金融机构介绍了自贸区工商、税务、海关政策，通报了各机构在自贸区洗钱风险防控体系建设中存在的共性问题，并就创新业务反洗钱风控措施展开了经验交流和讨论。

七是探索构建自贸区反洗钱资金监测分析子系统。为了防范自贸试验区洗钱、恐怖融资及税收犯罪风险，充分运用大数据信息，提升监管部门事中、事后监管能力，上海总部已着手建立自贸区分账核算体系反洗钱资金监测分析子系统，通过异常交易参数配置，对自贸区主体及账户交易数据进行匹配和分析，预警触发监测标准的异常交易和客户。

（四）探索开展信托业洗钱风险评估

为加强信托业反洗钱监管，弥补执法检查覆盖面有限的不足，探索建立反洗钱风险评估体系，上海总部针对信托公司业务特点，探索制定了信托业金融机构反洗钱风险评估标准，通过非现场评审和现场走访相结合的方式，对上海市五家信托机构开展了反洗钱风险评估。根据评估结果，对相关信托机构高级管理人员进行了约谈，进一步提高了信托机构对反洗钱工作的重视程度。

（五）加强重点可疑交易报告的分析研判

2014年，上海总部共接收了金融机构和支付机构报送的重点可疑交易报告45份。在对可疑交易报告开展分析研判的同时，上海总部加强对义务机构的辅导和反馈，推动其提升上报积极性和报告质量，并通过调查分析，向侦查机关和反恐部门移送了相关可疑线索。

（六）细化洗钱类型研究与分析

上海总部充分依托反洗钱联席会议制度，商请公安、检察、海关等合作单位协助提供打击洗钱犯罪的形势信息、相关数据和典型案例。同时鼓励和指导反洗钱义务机构在有效开展客户身份识别的基础上，对重点可疑交易报告进行深入分析，在条件具备时尝试提出相对明确的涉罪类型判断。通过多方面收集洗钱及上游犯罪信息，提升了上海市洗钱类型分析报告的精细度和科学性。

（七）深化与各合作单位的沟通协作，共同打击洗钱活动

2014年，上海总部进一步加强与公安、国安、纪检监察、自贸试验区管委会等部门的反洗钱协作，通过信息交流、案件协查、双向培训等形式开展多方位的反洗钱合作，提升了上海市打击洗钱及相关犯罪的监管合力。

附录一

统计数据

附表1-1　上海市主要宏观经济指标

单位：亿元，%

项目	2010年	2011年	2012年	2013年	2014年
上海生产总值	16 872.46	19 195.69	20 101.33	21 602.12	23 560.94
第一产业	114.15	124.94	127.80	129.28	124.26
第二产业	7 139.96	7 959.69	7 912.77	8 027.77	8 164.79
第三产业	9 618.31	11 111.06	12 060.76	13 445.07	15 271.89
其中：金融业	1 931.73	2 240.47	2 450.36	2 823.29	3 268.43
固定资产投资总额	5 317.67	5 067.09	5 254.38	5 647.79	6 016.43
社会消费品零售总额	6 036.86	6 777.11	7 387.32	8 019.05	8 718.65
外贸进出口总额（亿美元）	3 688.69	4 374.36	4 367.58	4 413.98	4 666.22
其中：进口（亿美元）	1 880.85	2 276.47	2 299.51	2 371.54	2 563.45
出口（亿美元）	1 807.84	2 097.89	2 068.07	2 042.44	2 102.77
外商直接投资合同金额（亿美元）	153.07	201.03	223.38	249.36	316.09
外商直接投资实际到位金额（亿美元）	111.21	126.01	151.85	167.80	181.66
居民消费价格指数（上年=100）	103.10	105.20	102.80	102.3	102.7
财政收入	2 873.58	3 429.83	3 743.71	4 109.51	4 585.55
财政支出	3 302.89	3 914.88	4 184.02	4 528.61	4 923.44
城镇居民人均可支配收入（元）	31 838	36 230	40 188	43 851	47 710
农村居民人均可支配收入（元）	13 746	15 644	17 401	19 208	21 192
城镇登记失业人数（万人）	27.73	27.33	27.05	26.37	25.63
上海企业景气指数	135.70	125.60	121.90	125.8	—
房租租赁价格指数	104.40	106.70	105.80	105.2	—
土地交易价格指数	118.90	117.10	104.50	110.4	—

资料来源：上海统计局《上海市国民经济和社会发展统计公报》、中国人民银行上海总部相关资料。

附表1-2　上海市主要金融指标

单位：亿元

项目	2010年	2011年	2012年	2013年	2014年
银行业金融机构资产总额	69 491.02	80 691.72	90 303.52	97 880.77	112 657.49
银行业金融机构负债总额	67 345.42	78 144.55	87 370.45	94 605.63	108 624.54
银行业金融机构各项存款余额	52 190.04	58 186.48	63 555.25	69 256.32	73 882.45
其中：中资机构	48 118.64	53 089.19	58 287.02	63 346.88	67 813.15
外资机构	4 071.40	5 097.29	5 268.23	5 909.44	6 069.12
城乡居民储蓄	16 249.29	17 958.22	20 247.24	21 185.69	21 995.54
企业存款	24 991.39	34 941.43	37 555.71	41 491.55	44 149.12
银行业金融机构各项贷款余额	34 154.17	37 196.79	40 982.48	44 357.88	47 915.81
其中：中资机构	29 970.80	32 863.85	36 784.99	39 992.48	43 386.58
外资机构	4 183.36	4 332.93	4 197.49	4 365.41	4 529.23
银行业金融机构不良贷款余额	271.94	223.80	270.93	357.72	427.14
银行业金融机构不良贷款率（%）	0.83	0.60	0.66	0.80	0.89
法人证券机构资产总额	3 967.40	3 271.30	3 884.18	4 571.61	9 168.4
法人证券机构负债总额	2 672.80	1 911.40	2 291.65	2 883.85	7 244.47
法人证券机构营业收入	341.93	276.70	259.23	307.78	518.33
保费收入	883.86	753.11①	820.64	821.43	986.75
其中：人身险	686.68	508.54	548.92	536.18	666.39
财产险	197.18	244.57	271.72	285.25	320.36
赔款和给付支出	194.54	260.71	255.79	301.95	378.66
其中：人身险	110.28	156.38	117.16	139.61	201.42
财产险	84.26	104.32	138.63	162.33	177.24

注：① 受新会计准则调整影响，2011—2014年保费收入数据与2011年前年份无可比性。
资料来源：中国人民银行上海总部、上海银监局、上海证监局、上海保监局相关资料。

附表1–3　金融市场交易情况表

项目	2010年	2011年	2012年	2013年	2014年
银行间市场拆借交易额（亿元）	278 684	334 412	467 044	355 190	376 626
银行间市场回购交易额（亿元）	875 935	994 535	1 417 140	1 581 639	2 244 226
银行间市场现券交割量（亿元）	640 418.98	636 422.9	751 952.83	416 106.44	403 565.2
商品期货市场成交额（亿元）	2 269 852.69	937 503.93①	952 862.59	1 264 695.8	1 279 712.5
商品期货市场成交量（万张）	304 194.19	100 372.53	134 546.42	186 827.38	228 343.25
股指期货市场成交额（亿元）	821 397.94	437 658.55	758 406.78	1 410 066.21	1 640 169.73
股指期货市场成交量（万张）	9 147.66	5 041.62	10 506.18	19 354.93	21 758.1
黄金市场成交额（亿元）	16 157.8	24 772.2	21 506.3	32 133.8	45 891.6
黄金市场成交量（吨）	6 051.5	7 438.5	6 350.2	11 614.5	18 486.7

注：① 2011年起期货量成交以单边计算，不含期转现交易。
资料来源：《中国金融市场发展报告》。

附录二

上海金融机构概览

附表2–1　交易场所

1	中国外汇交易中心
2	上海证券交易所
3	上海期货交易所
4	上海黄金交易所
5	中国金融期货交易所
6	上海清算所

附表2–2　政策性银行

1	国家开发银行上海市分行
2	中国农业发展银行上海市分行
3	中国进出口银行上海分行

附表2–3　国有商业银行

1	中国工商银行上海市分行
2	中国工商银行上海自贸试验区分行
3	中国农业银行上海市分行
4	中国农业银行上海自贸试验区分行
5	中国银行上海市分行
6	中国银行上海自贸试验区分行
7	中国建设银行上海市分行
8	中国建设银行上海自贸试验区分行
9	交通银行
10	交通银行上海市分行
11	交通银行上海自贸试验区分行

附表2–4　股份制商业银行

1	上海浦东发展银行
2	上海浦东发展银行上海分行
3	上海浦东发展银行上海自贸试验区分行
4	中国邮政储蓄银行上海分行
5	中信银行上海分行
6	光大银行上海分行
7	华夏银行上海分行
8	广发银行上海分行
9	招商银行上海分行
10	招商银行上海自贸试验区分行
11	兴业银行上海分行
12	民生银行上海分行
13	民生银行上海自贸试验区分行
14	平安银行上海分行
15	平安银行上海自贸试验区分行
16	渤海银行上海分行
17	浙商银行上海分行

附表2–5　城市商业银行

1	上海银行
2	上海银行浦东分行
3	上海银行上海自贸试验区分行
4	宁波银行上海分行
5	北京银行上海分行
6	杭州银行上海分行
7	南京银行上海分行
8	江苏银行上海分行
9	天津银行上海分行
10	温州银行上海分行
11	大连银行上海分行
12	盛京银行上海分行
13	浙江稠州商业银行上海分行
14	浙江泰隆商业银行上海分行
15	浙江民泰商业银行上海分行
16	宁波通商银行上海分行
17	厦门国际银行上海分行

附表2-6　农村商业银行

1	上海农商银行
2	上海农商银行上海自贸试验区分行

附表2-7　村镇银行

1	崇明沪农商村镇银行
2	奉贤浦发村镇银行
3	松江民生村镇银行
4	浦东江南村镇银行
5	浦东建信村镇银行
6	闵行上银村镇银行
7	嘉定民生村镇银行
8	金山惠民村镇银行
9	宝山富民村镇银行
10	青浦刺桐红村镇银行

附表2-8　外资银行

1	汇丰银行（中国）有限公司	17	苏格兰皇家银行（中国）有限公司上海分行
2	汇丰银行（中国）有限公司上海分行	18	三井住友银行（中国）有限公司
3	渣打银行（中国）有限公司	19	盘谷银行（中国）有限公司
4	渣打银行（中国）有限公司上海分行	20	盘谷银行（中国）有限公司上海分行
5	花旗银行（中国）有限公司	21	法国巴黎银行（中国）有限公司
6	花旗银行（中国）有限公司上海分行	22	富邦华一银行
7	东亚银行（中国）有限公司	23	华侨银行（中国）有限公司
8	东亚银行（中国）有限公司上海分行	24	南洋商业银行（中国）有限公司
9	瑞穗银行（中国）有限公司	25	南洋商业银行（中国）有限公司上海分行
10	恒生银行（中国）有限公司	26	大华银行（中国）有限公司
11	恒生银行（中国）有限公司上海分行	27	大华银行（中国）有限公司上海分行
12	星展银行（中国）有限公司	28	华美银行（中国）有限公司
13	星展银行（中国）有限公司上海分行	29	东方汇理银行（中国）有限公司
14	三菱东京日联银行（中国）有限公司	30	东方汇理银行（中国）有限公司上海分行
15	三菱东京日联银行（中国）有限公司上海分行	31	澳大利亚和新西兰银行（中国）有限公司
16	苏格兰皇家银行（中国）有限公司	32	澳大利亚和新西兰银行（中国）有限公司上海分行

（续表）

33	正信银行	63	美国纽约银行有限公司上海分行
34	星明财务有限公司	64	美国银行有限公司上海分行
35	浦发硅谷银行有限公司	65	美国富国银行有限公司上海分行
36	友利银行（中国）有限公司上海分行	66	挪威银行公共有限公司上海分行
37	德意志银行（中国）有限公司上海分行	67	日本横滨银行股份有限公司上海分行
38	韩亚银行（中国）有限公司上海分行	68	日本三井住友信托银行股份有限公司上海分行
39	法国兴业银行（中国）有限公司上海分行	69	瑞士信贷银行股份有限公司上海分行
40	新韩银行（中国）有限公司上海分行	70	瑞典北欧斯安银行有限公司上海分行
41	摩根大通银行（中国）有限公司上海分行	71	埃及国民银行股份有限公司上海分行
42	大新银行（中国）有限公司上海分行	72	澳大利亚西太平洋行有限公司上海分行
43	永亨银行（中国）有限公司上海分行	73	瑞典商业银行公共有限公司上海分行
44	中信银行国际（中国）有限公司上海分行	74	北欧银行瑞典有限公司上海分行
45	首都银行（中国）有限公司上海分行	75	瑞典银行有限公司上海分行
46	蒙特利尔银行（中国）上海分行	76	西班牙桑坦德银行有限公司上海分行
47	永隆银行有限公司上海分行	77	意大利联合圣保罗银行股份有限公司上海分行
48	上海商业银行上海分行	78	意大利裕信银行股份有限公司上海分行
49	中国信托商业银行股份有限公司上海分行	79	意大利西雅那银行股份有限公司上海分行
50	印度尼西亚曼底利银行上海分行	80	印度国家银行上海分行
51	印度同心银行上海分行	81	印度卡纳拉银行上海分行
52	比利时联合银行有限公司上海分行	82	英国巴克莱银行有限公司上海分行
53	德国北德意志州银行上海分行	83	澳大利亚澳洲联邦银行公众股份有限公司上海分行
54	德国商业银行股份有限公司上海分行	84	澳大利亚国民银行有限公司上海分行
55	俄罗斯外贸银行公开股份公司上海分行	85	加拿大丰业银行有限公司上海分行
56	法国外贸银行股份有限公司上海分行	86	第一商业银行股份有限公司上海分行
57	韩国产业银行上海分行	87	国泰世华银行股份有限公司上海分行
58	韩国大邱银行股份有限公司上海分行	88	台湾土地银行股份有限公司上海分行
59	荷兰合作银行有限公司上海分行	89	台湾银行股份有限公司上海分行
60	荷兰安智银行股份有限公司上海分行	90	台湾中小企业银行股份有限公司上海分行
61	马来西亚马来亚银行有限公司上海分行	91	巴西银行上海分行
62	马来亚联昌银行上海分行		

附表2-9　金融资产管理公司

1	中国华融资产管理公司上海办事处
2	中国信达资产管理公司上海市分公司
3	中国东方资产管理公司上海办事处
4	中国长城资产管理公司上海办事处
5	中国华融资产管理公司上海自贸试验区分公司

附表2-10　信托投资公司

1	上海国际信托有限公司
2	华宝信托有限责任公司
3	上海爱建信托有限责任公司
4	中海信托有限责任公司
5	中泰信托投资有限责任公司
6	安信信托投资股份有限公司
7	华澳国际信托有限公司

附表2-11　财务公司

1	宝钢集团财务有限责任公司
2	上海汽车集团财务有限责任公司
3	上海电气集团财务有限责任公司
4	东航集团财务有限责任公司
5	上海浦东发展集团财务有限责任公司
6	上海锦江集团财务有限责任公司
7	中船财务有限责任公司
8	中海集团财务有限责任公司
9	中国电力财务有限公司华东分公司
10	松下电器（中国）财务有限公司
11	日立（中国）财务有限公司
12	申能集团财务有限公司
13	中国石化财务有限责任公司上海分公司
14	上海复星高科技集团财务有限公司
15	上海华谊集团财务有限责任公司
16	百联集团财务有限责任公司
17	上实集团财务有限责任公司
18	光明食品集团财务有限公司

附表2–12　金融租赁公司

1	农银金融租赁有限责任公司
2	交银金融租赁有限责任公司
3	招银金融租赁有限责任公司
4	浦银金融租赁有限责任公司
5	太平石化金融租赁有限责任公司

附表2–13　汽车金融公司

1	上汽通用汽车金融有限责任公司
2	福特汽车金融（中国）有限公司
3	菲亚特汽车金融有限责任公司
4	东风日产汽车金融有限公司

附表2–14　货币经纪公司

1	上海国利货币经纪有限公司
2	上海国际货币经纪有限公司

附表2–15　持牌商业银行营运中心

1	中国工商银行票据营业部
2	中国工商银行私人银行部
3	中国工商银行贵金属业务部
4	中国农业银行票据营业部
5	中国农业银行私人银行部
6	中国农业银行信用卡中心
7	中国银行上海人民币交易业务总部
8	中国建设银行信用卡中心
9	交通银行私人银行部
10	交通银行太平洋信用卡中心
11	上海浦东发展银行信用卡中心
12	上海银行信用卡中心
13	上海银行小企业金融服务中心
14	招商银行信用卡中心
15	兴业银行资金营运中心
16	兴业银行信用卡中心
17	民生银行中小企业金融事业部

附表2–16　金融消费公司

1	中银金融消费有限公司

附表2-17　证券公司

1	东方证券股份有限公司
2	光大证券股份有限公司
3	国泰君安证券股份有限公司
4	海通证券股份有限公司
5	上海证券有限责任公司
6	申银万国证券股份有限公司
7	爱建证券有限责任公司
8	华金证券有限责任公司
9	上海华信证券有限责任公司
10	德邦证券有限责任公司
11	中银国际证券有限责任公司
12	华宝证券有限责任公司
13	长江证券承销保荐有限公司
14	海际证券有限责任公司
15	摩根士丹利华鑫证券有限责任公司
16	东方花旗证券有限公司
17	上海国泰君安证券资产管理有限公司
18	上海东方证券资产管理有限公司
19	上海光大证券资产管理有限公司
20	上海海通证券资产管理有限公司
21	齐鲁证券（上海）资产管理有限公司
22	华泰证券（上海）资产管理有限公司

附表2-18　基金管理公司

1	国泰基金管理有限公司	24	中银基金管理有限公司
2	华安基金管理有限公司	25	东吴基金管理有限公司
3	富国基金管理有限公司	26	国海富兰克林基金管理有限公司
4	银河基金管理有限公司	27	华泰柏瑞基金管理有限公司
5	万家基金管理有限公司	28	汇添富基金管理有限公司
6	华宝兴业基金管理有限公司	29	交银施罗德基金管理有限公司
7	国联安基金管理有限公司	30	信诚基金管理有限公司
8	海富通基金管理有限公司	31	汇丰晋信基金管理有限公司
9	长信基金管理有限责任公司	32	中欧基金管理有限公司
10	泰信基金管理有限公司	33	中海基金管理有限公司
11	天治基金管理有限公司	34	诺德基金管理有限公司
12	兴业全球基金管理有限公司	35	金元惠理基金管理有限公司
13	申万菱信基金管理有限公司	36	浦银安盛基金管理有限公司
14	光大保德信基金管理有限公司	37	农银汇理基金管理有限公司
15	华富基金管理有限公司	38	财通基金管理有限公司
16	纽银梅隆西部基金管理有限公司	39	富安达基金管理有限公司
17	长安基金管理有限公司	40	中原英石基金管理有限公司
18	德邦基金管理有限公司	41	鑫元基金管理有限公司
19	华宸未来基金管理有限公司	42	永赢基金管理有限公司
20	东海基金管理有限责任公司	43	华福基金管理有限责任公司
21	兴业基金管理有限公司	44	圆信永丰基金管理有限公司
22	上银基金管理有限公司	45	嘉合基金管理有限公司
23	上投摩根基金管理有限公司		

附表2-19 期货经纪公司

1	东吴期货有限公司	15	上海东证期货有限公司
2	东兴期货有限责任公司	16	上海东亚期货有限公司
3	光大期货有限公司	17	上海中期期货有限公司
4	国泰君安期货有限公司	18	上海大陆期货有限公司
5	国投中谷期货有限公司	19	上海通联期货有限公司
6	同信久恒期货责任有限公司	20	瑞银期货有限责任公司
7	海通期货有限公司	21	建信期货有限责任公司
8	恒泰期货有限公司	22	上海东方期货经纪有限责任公司
9	华鑫期货有限公司	23	铜冠金源期货有限公司
10	海证期货有限公司	24	上海浙石期货经纪有限公司
11	申银万国期货有限公司	25	上海中财期货有限公司
12	华闻期货经纪有限公司	26	中融汇信期货有限公司
13	新湖期货有限公司	27	东航期货有限责任公司
14	国信期货有限责任公司	28	天鸿期货经纪有限公司

附表2-20 保险集团和控股公司

1	中国太平洋保险（集团）股份有限公司

附表2-21 保险公司

1	中国太平洋人寿保险有限公司	21	中国太平洋财产保险股份有限公司
2	太平人寿保险有限公司	22	史带财产保险股份有限公司
3	东方人寿保险股份有限公司	23	天安财产保险股份有限公司
4	中德安联人寿保险有限公司	24	中国大地财产保险股份有限公司
5	长生人寿保险有限公司	25	永诚财产保险股份有限公司
6	海康人寿保险有限公司	26	安信农业保险股份有限公司
7	工银安盛人寿保险有限公司	27	安盛天平财产保险股份有限公司
8	建信人寿保险有限公司	28	三星财产保险（中国）有限公司
9	交银康联人寿保险有限公司	29	三井住友海上火灾保险（中国）有限公司
10	中宏人寿保险有限公司	30	太阳联合保险（中国）有限公司
11	陆家嘴国泰人寿保险有限责任公司	31	丘博保险（中国）有限公司
12	中美联泰大都会人寿保险有限公司	32	美亚财产保险有限公司
13	国华人寿保险股份有限公司	33	东京海上日动火灾保险（中国）有限公司
14	友邦保险有限公司上海分公司	34	国泰财产保险有限责任公司
15	汇丰人寿保险有限公司	35	劳合社保险（中国）有限公司
16	北大方正人寿保险有限公司	36	信利保险（中国）有限公司
17	复星保德信人寿保险有限公司	37	华泰财产保险有限公司
18	平安养老保险股份有限公司	38	众安在线财产保险股份有限公司
19	太平养老保险股份有限公司	39	太保安联健康保险股份有限公司
20	长江养老保险股份有限公司	40	平安健康保险股份有限公司

附表2-22 再保险公司

1	德国通用再保险股份公司上海分公司
2	汉诺威再保险股份公司上海分公司
3	RGA美国再保险公司上海分公司

附表2-23 保险资产管理公司

1	中国人保资产管理有限公司
2	华泰资产管理有限公司
3	平安资产管理有限责任公司
4	太平洋资产管理有限责任公司
5	太平资产管理有限公司
6	民生通惠资产管理有限公司

Shanghai Financial Stability Report (2015)

Part I
Overview

In 2014, efforts were made in Shanghai to counter the impact of severe and complicated external conditions and to address the challenges posed by rising economic downward pressure. Meanwhile, Shanghai implemented conscientiously the decisions of the 18th National Congress of the Communist Party of China (CPC) and the Third and Fourth Plenary Sessions of the 18th CPC Central Committee. More work was done to press ahead with innovation-driven development and economic transformation and upgrading. As a result, Shanghai's economy maintained stable growth, the quality and efficiency of economic development were further improved, and new measures of reform and opening up produced incremental benefits. Financial institutions in Shanghai attached importance to implementing prudent monetary policy. Steady progress was made in building Shanghai into an international financial center and in stepping up financial support for the real economy. Financial reform in the China (Shanghai) Pilot Free Trade Zone (hereinafter referred to as the Shanghai FTZ) achieved major breakthroughs.

1.1 Shanghai's overall economic and financial performance remained stable and orderly

1.1.1 The economy remained generally stable

In 2014, Shanghai's economic performance was generally stable. Its full-year GDP reached 2 356.094 billion yuan, rising 7% year-on-year on a comparable basis. Growth in fixed asset investment slowed down, consumption growth remained stable, foreign trade improved somewhat, fiscal revenue rose fast, profits of industrial enterprises grew at a slower pace, and household income increased steadily. In 2014, Shanghai further pushed ahead with strategic restructuring of its economy and implemented prudent monetary policy. Active measures were taken to support the building of the city into an international financial center. Financial reform in the Shanghai FTZ made solid progress.

1.1.2 The financial sector performed soundly

In 2014, in the face of complicated economic and financial situations, the banking sector in Shanghai carried out structural adjustment and prevented risks through reform and innovation. With steady progress achieved and the transformation of the development model starting to show effect, a sound foundation was laid for financial stability in Shanghai. In the banking sector, assets and liabilities continued to grow, credit structure was further optimized, and the support for the real economy delivered remarkable results. As for banking institutions in Shanghai, capital adequacy ratios dropped slightly, asset quality was generally controllable, liquidity management became more difficult, and profits rose somewhat. The securities sector saw favorable momentum of development as institution building and sector regulation were further improved, innovation capabilities grew dramatically, international businesses made faster progress, and the financing role of the securities market was steadily enhanced. Securities companies saw fast asset growth, with their risk management system running soundly and profits rising markedly. In the insurance sector, market entities increased substantially, assets and premium income grew stably, and reform was in steady progress. The overall strength of insurance institutions saw significant improvement, with profitability rising markedly, solvency adequacy ratios generally solid and risks on the whole remaining controllable.

1.1.3 Financial infrastructure building made further progress

In 2014, in support of the building of Shanghai into an international financial center and the Shanghai FTZ project, the People's Bank of China (PBC) Shanghai Head Office further pushed forward infrastructure building in the city. Efforts were made to strengthen payment and clearing infrastructure development, to innovate payment and settlement businesses in the Shanghai FTZ, and to promote and regulate non-cash payment instruments. Work was done to enhance the role of the credit reference system and improve its services, to incorporate micro, small and quasi financial institutions into the financial credit information database, and to promote the sound development of the ratings market. In line with risk-based principles, adjustments were made to the anti-money laundering (AML) supervision model, and innovative AML supervision measures were taken in the Shanghai FTZ.

1.2 Noteworthy issues in safeguarding financial stability in Shanghai

1.2.1 Noteworthy issues regarding Shanghai's economic growth

The year 2015 is the final year of the 12th Five Year Plan. It is also critical for mapping out the 13th Five Year Plan. From an international perspective, although the global economy as a whole is expected to recover at a faster pace, high risks are still likely. Domestically speaking, China's economic development is entering a "new normal" stage, with its economic development model and economic structure undergoing significant transformation and the gear of growth shifting from high speed to medium-to-high speed. At the same time, as economic transformation and adjustment may take a prolonged period of time, downward pressure remains significant. Shanghai is still confronted with various difficulties in the process of economic transformation, such as a distinct lack of effective demand, the tough task of government restructuring, and the pressing need for reform and innovation. Another matter of concern is how science and technology innovation capabilities will affect Shanghai's economic development. During an inspection tour of Shanghai, Xi Jinping, General Secretary of the CPC Central Committee, expressed hope that Shanghai should take the lead in the world as well as in the country in promoting science and technology innovation and implementing innovation-driven development strategy. He also hoped that Shanghai would ramp up efforts to become a science and technology innovation center with worldwide influence. Although Shanghai steadily increased input in scientific research in 2014, a solid foundation for science and technology innovation is still lacking, original innovation capabilities are weak, and the role of the market in innovation resource allocation has yet to be brought into full play. In order to become a science and technology innovation center with worldwide influence, it is imperative that Shanghai give top priority to enhancing its indigenous innovation capabilities in the development of science and technology and put emphasis on implementing innovation-driven development strategy.

1.2.2 Noteworthy issues regarding Shanghai's financial sector operation

In 2014, the banking sector in Shanghai faced various uncertainties. With banks' risk management becoming even more complicated, more work needed to be done in the banking sector to strengthen risk prevention, reform and transformation. In particular, close attention should be paid to credit risk in key areas, such as higher concentration of property loans, increasing sources of risk, and government platform lending risk. With commodity trade and finance continuing to grow fast, risks were building up rapidly. Some enterprises fabricated commodity trading background and engaged in carry trades to capitalize on the differences between interest rates or exchange rates at home and abroad. These activities, linked with a variety of domestic investments such as those in the property market and the stock market, further transmitted risks to banking institutions. Also worth noting are the potential risks arising from the unregulated development of off-balance sheet businesses and the possible impact on the reputation of the banking sector. In recent years, as securities companies have been turning into universal investment banks, different businesses have become more and more intertwined. Amid closer cooperation between the securities industry and other financial industries, shocks in a single area or any black swan event can cause a "butterfly effect". The transmission and exposure of external risks call for attention. In 2014, securities companies in Shanghai saw their leverage ratio rise from 2:1 at the beginning of the year to 3.4:1 at the year-end. The risk exposure and high leverage in securities companies should be noted. Attention should also be paid to increased risk associated with the use of insurance funds, strained cash flows of life insurance companies, and marked rises in the combined ratios of property insurance companies.

Part Ⅱ Economic and Financial Environment

In 2014, Shanghai made an effort to mitigate the impact of the grim and complicated external environment, actively addressed such challenges as increasing downward pressure on the economy, seriously implemented measures called for at the 18th National Congress of the CPC and the Third and Fourth Plenums of the 18th CPC Central Committee, and deepened the innovation-driven development as well as work on economic transformation. As a result, the economy maintained steady growth with the quality and efficiency of economic growth improved further, and the incremental dividends from reform and opening up continued to accrue. Financial institutions in Shanghai seriously followed the prudent monetary policy. The drive of developing Shanghai into an international financial center and the initiative of providing financial support to the real economy were pushed forwarded steadily. The financial reform in the pilot free trade zone witnessed significant breakthroughs.

2.1 Shanghai's economic and financial performance was stable in general

In 2014, Shanghai's GDP stood at 2.356094 trillion yuan, a year-on-year increase of 7% on a comparable basis, losing 0.7 percentage point as compared with 2013 and 0.4 percentage point lower than the national GDP. By breakdown, the value added of the primary industry edged up 0.1% year-on-year to 12.426 billion yuan, that of the second industry jumped 4.3% over the previous year to 816.479 billion yuan, while that of the tertiary industry posted 1 527.189 billion yuan, adding 8.8% as compared with last year. The share of the value added of the tertiary industry in Shanghai's GDP reached 64.8%, rising 1.6 percentage point over 2013.

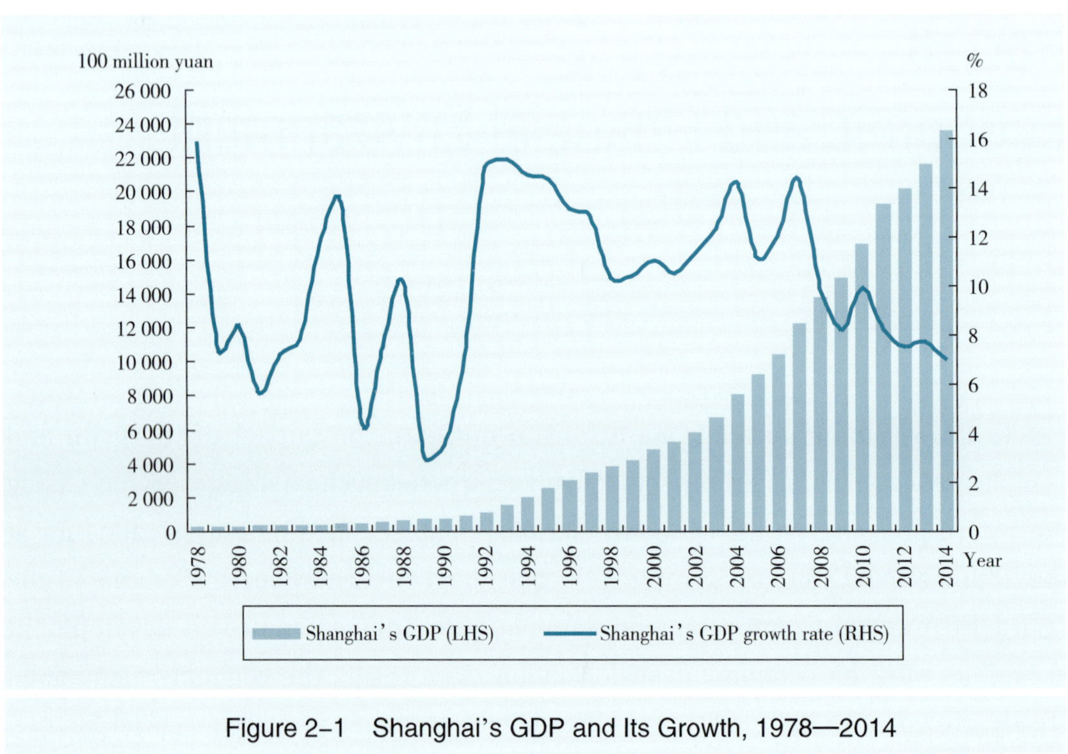

Figure 2-1 Shanghai's GDP and Its Growth, 1978—2014

2.1.1 Fixed asset investment growth slowed down

In 2014, fixed asset investment in Shanghai grew 6.5% year-on-year to 601.643 billion yuan, down 1 percentage point as compared with the growth in 2013 and 9.2 percentage point lower than the national level. In terms of three major investment fields, urban infrastructure investment accelerated somewhat, rising 1.3% from a year earlier, up 0.8 percentage point as compared with 2013. Investment in real estate development, surging 13.7% throughout the year, remained the major driver of investment growth. Although its growth dropped 4.7 percentage point from a year earlier due to real estate market correction, it was still 3.2 percentage point higher than the national average. Industrial investment continued to shrank 6.5%, 2.1 percentage point bigger than the decline in 2013, and its share in total social fixed asset investment fell from about one third to less than one fifth.

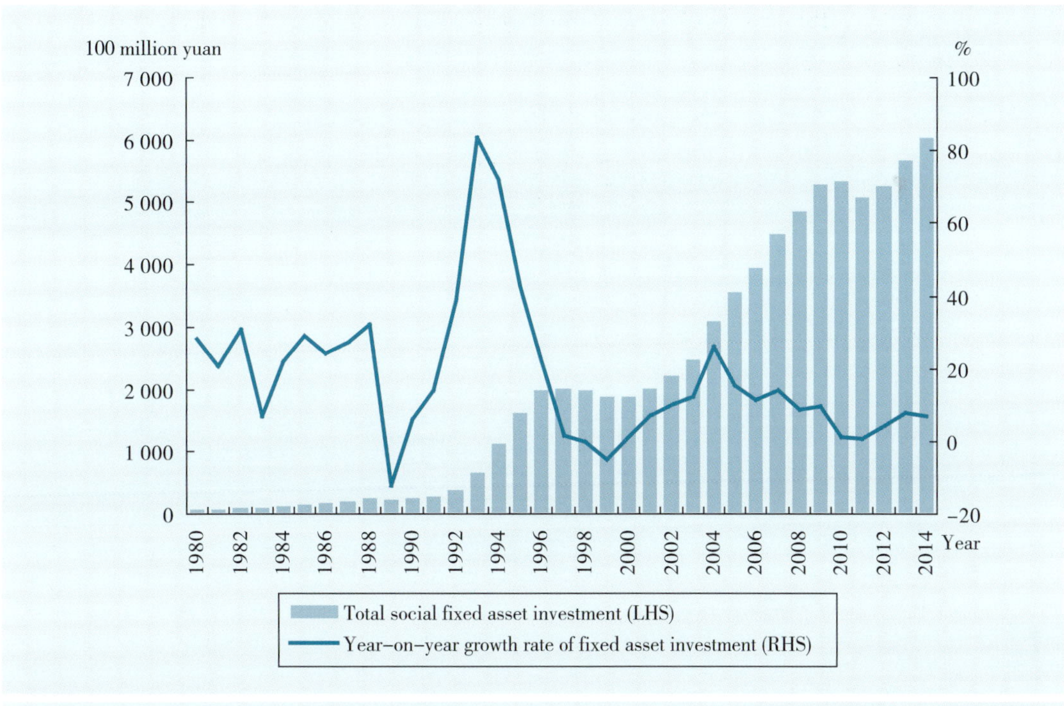

Figure 2-2 Shanghai's Total Social Fixed Asset Investment and Its Growth, 1980—2014

2.1.2 Consumption growth remained steady

In 2014, social retail sales of consumer goods in Shanghai posted 871.865 billion yuan, gaining 8.7% over the previous year, up 0.1 percentage point as compared with 2013 and 3.3 percentage point lower than the national average. By breakdown, wholesale and retail industry added 9.1%, 3.4 percentage point higher than the growth of accommodation and catering industry. New changes took place in business structure, as e-commerce clearly outperformed traditional consumption in terms of growth momentum. In 2014, non-store retail sales volume in Shanghai went up 21.7% year-on-year. Among it, retail sales volume of online stores soared 24.6% over the previous year, accounting for 9.4% of social retail sales of consumer goods, rising 3.6 percentage point when compared with 2013, with its growth momentum far better than that of conventional business.

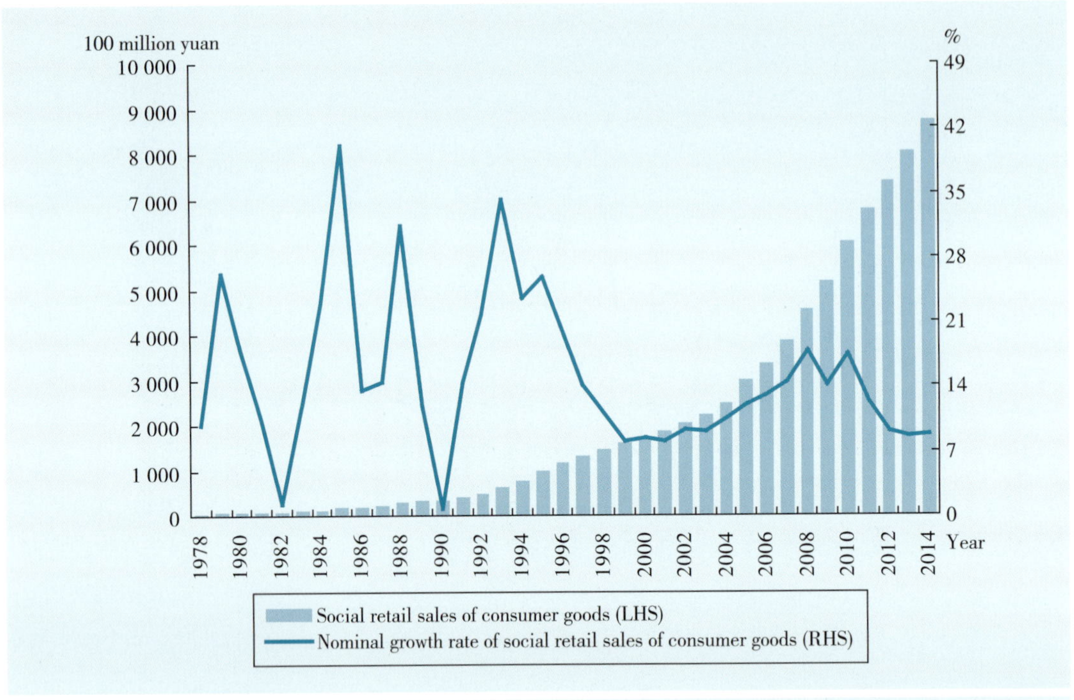

Figure 2-3 Shanghai's Social Retail Sales of Consumer Goods and Its Growth, 1978—2014

2.1.3 Foreign trade improved slightly

In 2014, exports and imports in Shanghai totaled $466.622 billion, a year-on-year increase of 5.6%, up 4.5 percentage point as compared with the growth in 2013 and 3.3 percentage point higher than the national level, surpassing the national average for the first time in recent years. By breakdown, exports gained 3% over the previous year to $210.277 billion, while imports advanced 7.9% year-on-year to $256.345 billion, with trade deficit being $46.068 billion. The Shanghai Free Trade Zone acted as an obvious driver for foreign trade growth, as exports and imports in the zone surged 8.3% year-on-year, and accounted for 26.6% of the total exports and imports in Shanghai. In terms of structure, trade forms continued to be optimized, as exports in general trade soared 7.6%, 10.1 percentage point higher than the export growth in processing trade; trading parties became more diversified, as exports by private enterprises grew 7.8%, 13.8 percentage point faster when compared with state-owned enterprises.

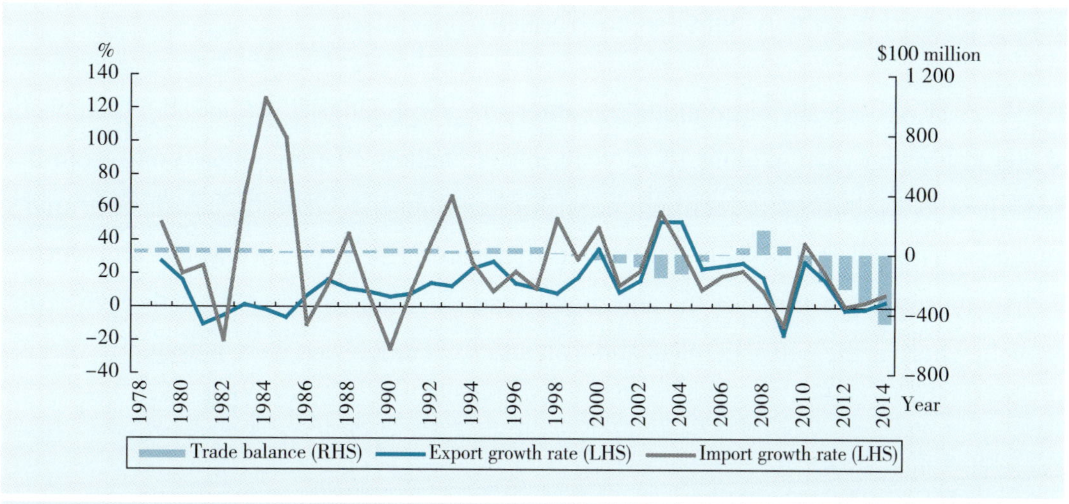

Figure 2-4 Shanghai's Trade Balance and the Growth of Exports and Imports, 1978—2014

2.1.4 Fiscal revenues grew relatively fast

In 2014, Shanghai's fiscal revenues posted 458.555 billion yuan, surging 11.6% year-on-year, 1.8 percentage point higher than its growth in 2013, well above the economic growth in Shanghai. Specifically, value-added tax (VAT) increased 14.2%, business tax rose 4.1%, and corporate income tax jumped 12.5%. Breakdown by sectors showed that fiscal revenues contributed by such sectors as auto manufacturing, complete equipment, banking, securities and other financial sectors performed well. In 2014, Shanghai's fiscal expenditures went up 8.7% over the previous year to 492.344 billion yuan, up 0.5 percentage point as compared with 2013.

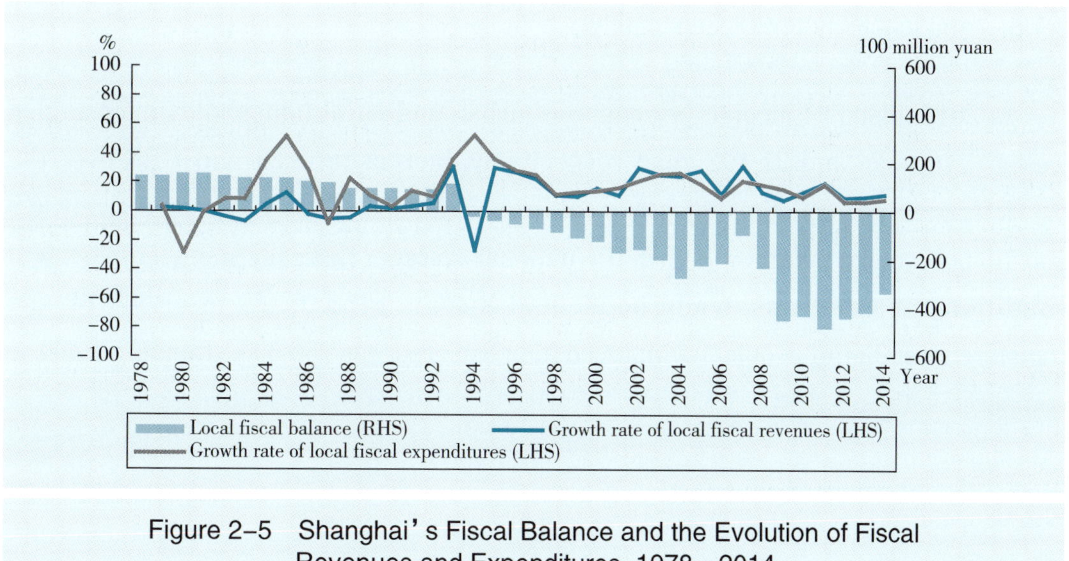

Figure 2-5 Shanghai's Fiscal Balance and the Evolution of Fiscal Revenues and Expenditures, 1978—2014

2.1.5 Efficacy growth in industrial enterprises decelerated

In 2014, statistically large industrial enterprises in Shanghai witnessed a total profit of 266.113 billion yuan, adding 10.4% year-on-year, falling 2.7 percentage point from the growth in 2013, but 8.4 percentage point higher than the income growth of primary business. The full-year movement showed that enterprise profit presented an inverted V-shaped growth. Sectors like the automobile and electronic information bolstered profit growth, whereas the petrochemical and iron and steel industries were a drag.

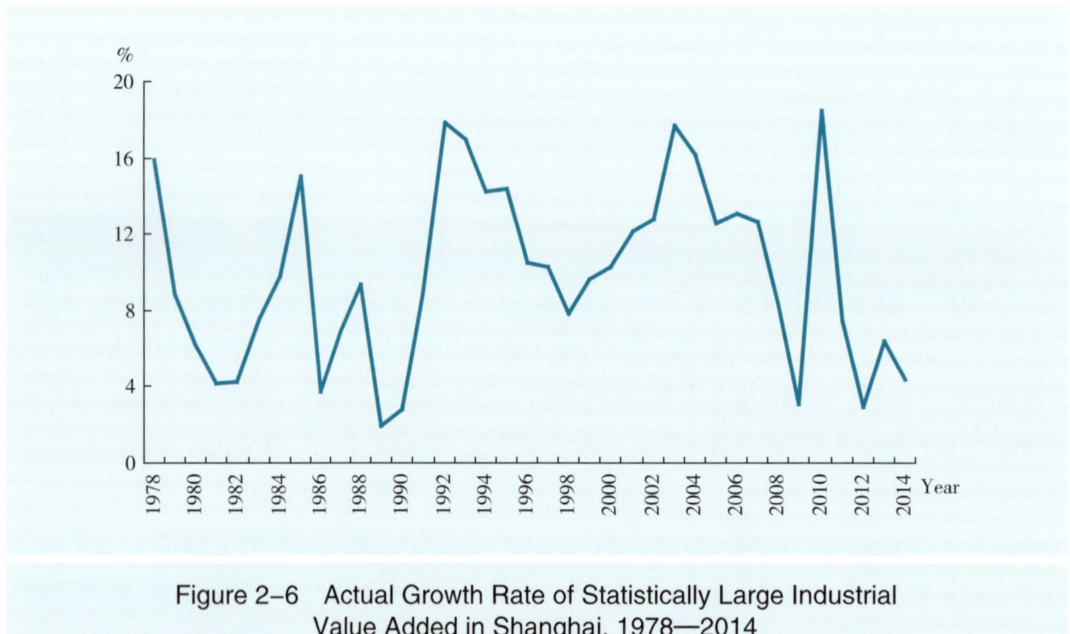

Figure 2-6 Actual Growth Rate of Statistically Large Industrial Value Added in Shanghai, 1978—2014

2.1.6 Household income rose steadily

In 2014, disposal income per capita of urban and rural households in Shanghai was 47 710 yuan and 21 192 yuan respectively, increasing 8.8% and10.3% over the previous year; the inflation-adjusted real growth was 5.9% and 7.4% respectively, 0.9 and 1.8 percentage point lower than the national average. Basically stable employment conditions ensured the steady household income growth. As of end-2014, the registered number of people unemployed in urban area was 256 300, shedding 7 400 as compared with end-2013.

2.1.7 Financial sector continued to grow

In 2014, the value added of Shanghai's financial sector posted 326.843 billion yuan, jumping 14% from a year earlier. The number of various new financial institutions was 96①. Among it, there were 37 monetary and financial institutions and 40 capital market institutions. As of end-2014, the number of financial institutions in Shanghai was 1 336. Among it, there were 601 monetary and financial institutions, 292 capital market institutions, and 363 insurance agencies.

As of end-2014, outstanding local and foreign currency-denominated deposits of Chinese and foreign financial institutions in Shanghai totaled 7 388.245 billion yuan, a year-on-year gain of 6.7%; outstanding loans reached 4 791.581 billion yuan, rising 8% over last year. Total trading volume on national interbank market posted 361.51 trillion yuan, surging 27% over the previous year. Turnover on the Shanghai Gold Exchange (SGE) soared 24.7% year-on-year, totaling 6.51 trillion yuan. 3 758 securities were listed on the Shanghai's securities market, including 1 039 stocks. In 2014, the total value of securities traded on the Shanghai Stock Exchange stood at 128.15 trillion yuan, surging 48.1% year-on-year, while trading volume on the China Financial Futures Exchange was up 16.3% as compared with last year, reaching 164.02 trillion yuan. For insurance sector, the direct written premium income in Shanghai reached 98.675 billion yuan, growing 20.1% year-on-year, while claim payments posted 37.866 billion yuan, surging 25.4% over the previous year.

2.2 Important measures were adopted to promote economic growth and financial stability

2.2.1 Deepening Strategic economic restructuring

The service industry became a major driver of economic growth, while the development of strategic emerging manufacturing industry gained speed. In 2014, the value added of the tertiary industry in Shanghai increased 8.8% over 2013, 4.5 percentage point faster than the growth of the secondary industry, and accounted for 64.8% of Shanghai's GDP, up 1.6 percentage point as compared with a year earlier,②

① Data in this part come from the *Statistical Communiqué on the 2014 National Economic and Social Development in Shanghai*.

② According to regulations by the National Bureau of Statistics, industry accounting followed the new *Regulations on Industry Classification* starting from the 2013 annual report. In 2013, Shanghai's tertiary industry accounted for 63.2% of the GDP.

16.6 percentage point higher than the national level. Specifically, the value added of Shanghai's financial, real estate and information service sectors advanced 14%, 3.2% and 2.5% respectively over the previous year. New industries, novel formats, new technologies and new models, including the Internet finance, mobile Internet, e-commerce and cloud computing, developed vigorously, clearly outperforming conventional industries in growth momentum. In the meantime, strategic emerging manufacturing industry grew relatively fast, with the annual gross output value rising 5.5%, 3.9 percentage point higher than Shanghai's overall industry-wide performance.

Investment in research and development (R&D) increased considerably, while the development of a capital attraction structure focusing on service industry was accelerated. In recent years, while Shanghai's hard investment growth declined year by year, soft investment in R&D increased notably, leading to gradually growing incentives for innovation. The R&D spending in Shanghai had seen an annual average growth of over 15% during recent five years. The R&D spending as a percent of local GDP increased year by year, reaching about 3.6% in 2014. In terms of capital attraction, the contracted foreign capital in Shanghai jumped 26.8% year-on-year to $31.6 billion in 2014, exceeding $30 billion for the first time, a new record high in the size of annual capital attraction. The actually utilized foreign capital added 8.3% over last year to $18.166 billion, an increase for 15 years in a row. In particular, the actually utilized foreign capital in the service industry posted $16.385 billion, a year-on-year gain of 20.8%, taking up 90.2% of the total utilized foreign capital in Shanghai. The development of the free trade zone was the major driver of a fresh high in the size of utilized foreign capital in Shanghai. In 2014, contracted foreign capital in the Shanghai Free Trade Zone stood at $9.235 billion, comprising nearly 30% of the total contracted foreign capital in Shanghai.

Shanghai was still in the throes of industrial restructuring. In 2014, the growth of Shanghai's iron and steel, petrochemical, and electronic information sectors remained in the negative territory, while that of biomedicine industry slowed down. In the near term, it would be difficult for emerging industries to close the gap resulting from growth slowdown in the process of structural adjustment of conventional industries. The statistically large industrial gross output value in Shanghai went up 1.6% year-on-year, sinking 2.8 percentage point as compared with the growth in 2013 and 6.7 percentage point lower than the national average. Industrial value added rose 4.3% over last year, losing 2 percentage point when compared with a year earlier. Given that some leading indicators were weakening, the industry still faced a relatively big downside pressure. In 2014, cargo transportation as well as port's cargo handling capacity in Shanghai slid 1.3% and 2.6% respectively.

2.2.2 Continuing to adopt prudent monetary policy

In 2014, the PBC, in line with the overall arrangements of the CPC Central Committee and the State Council, continued to adopt prudent monetary policy. It remained focused while making self-initiated moves, continued to expand and improve monetary policy toolkit, targeted prominent issues in economic performance, and appropriately applied fine-tuning and pre-emptive adjustment when necessary. Efforts were made to cut benchmark lending and deposit rates asymmetrically, and increase interest rate flexibility in open market operations to guide the drop in social financing cost. The reserve requirement ratio (RRR) was cut twice in a targeted way, management of desired loans was improved, and dynamic differentiated RRR adjustment played its role in countercyclical adjustment and credit guidance. All types of financial reforms were pushed forward in a well-sequenced manner, the upper limit of the deposit rate floating range was increased to 120% of the benchmark, and the *Regulations on Deposit Insurance (Exposure Draft)* was released for public commentary.

The PBC Shanghai Head Office seriously implemented money and credit policies mapped out by the Headquarters, steadily promoted market-based interest rate reform, applied the innovative free trade account management featuring a Free Trade Accounting Unit and closed-off management, and explored new ways to manage regional financial reforms. Attention was paid to keeping money and credit at an appropriate level, strengthening targeted adjustment and control, and further assessing the effect of money and credit policy-based guidance. The PBC stepped up support for agriculture, rural areas and farmers as well as small and micro businesses through central bank lending- and discount window-based guidance to meet reasonable financing needs of key development projects in Shanghai. A multipronged approach was adopted to address issues related to lowering enterprises' high financing cost. Macroprudential management was enhanced, while policy parameters for differentiated RRRs were adjusted in a flexible manner. Policy on targeted RRR cuts was implemented to bolster credit supply by local corporate financial institutions that seriously abided by money and credit policy. Liquidity contingency plans were improved to safeguard stable money and credit performance.

2.2.3 Actively supporting the development of Shanghai into an international financial center

Efforts were made to build a financial market trading platform opened to the world. In 2014, the PBC Shanghai Head Office facilitated the establishment of international trading platforms in the pilot free trade zone by such agencies as the SGE. On September 18, the SGE's International Board was officially launched, attracting the first batch of 40 overseas members, a new phase in the opening up of gold market. The China Foreign Exchange Trade System had already launched the Trading Platform for International Financial Assets and would gradually expand such service features as quotation and trading. The Shanghai International Energy Exchange was established with crude oil futures already approved for trading.

Financial market was opened up further. First, support was given to overseas institutions and overseas parent companies of registered enterprises in the free trade zone to issue RMB bonds on domestic market. On March 15 2014, Mercedes-Benz issued 500 million yuan of "panda" bonds as the first overseas non-financial enterprise. Second, lending by RMB clearing banks in Hong Kong and Macau was assessed systematically to facilitate the access to interbank funding market by overseas RMB clearing banks and promote the opening up of interbank bond market. In the first eleven months, the participation of 69 overseas institutions in the interbank bond market was documented with investment quotas combined reaching 91.8 billion yuan. Third, efforts were made to promote the pilot program of RMB foreign equity investment in enterprises and the pilot RMB Qualified Domestic Limited Partner. The scheme for launching individual inward and outward two-way investment on a trial basis was studied.

2.2.4 Steadily pushing forward financial reforms in the Shanghai Free Trade Zone

In 2014, the PBC Shanghai Head Office identified the overall framework for financial reforms in the pilot free trade zone by considering serving the real economy to be the starting and finishing point. The information system featuring real time and case-by-case monitoring was put in place for free trade account management, which improved concurrent and ex post regulation. The liberalization of RMB capital account was promoted in a well-sequenced manner with RMB settlement, overseas RMB lending and two-way cross-border RMB cash pooling all growing substantially in the free trade zone. The interest rate self-regulatory organization was set up and the path of interest rate liberalization with controllable risks was found. Since March 1 when the pilot program of removing interest rate ceiling on small-value foreign currency deposits was launched, the listed interest rate on small-value foreign currency deposits stayed stable in general as market played a bigger role in determining interest rates. Efforts were made to effectively streamline administration and delegate power as well as to adopt negative list, with financial sector's capacity for bolstering real economy reinforced significantly. Risk control was identified as an important bottom line, while macro and micro prudential financial policy framework and arrangements for safeguarding financial security were put in place for the open economy.

Box 1 The PBC Actively Supported the Development of the China (Shanghai) Pilot Free Trade Zone

Since the establishment of the China (Shanghai) Pilot Free Trade Zone (hereinafter referred to as the Shanghai FTZ) in September 2013, the PBC Shanghai Head Office seriously followed central government's overall requirements regarding the development of the Shanghai FTZ by promoting reform and opening up on the one hand and focusing on risk prevention on the other. It actively promoted the introduction of various financial reforms in the Shanghai FTZ. Currently, a range of innovative financial arrangements were put in place one after another in the Shanghai FTZ, financial services were improved markedly, the risk bottom line was secured, and financial reforms proceeded smoothly, all of which had won wide recognition from the CPC Central Committee, the State Council and all walks of life.

First, financial policies tailored to the need of enterprises were rolled out based on research, and the overall framework for financial reforms in the Shanghai FTZ was set up. In line with the 30 opinions of the PBC Headquarters, the Shanghai Head Office unveiled seven detailed implementation rules for expanding the cross-border use of the renminbi, cross-border RMB payment business of payment institutions, anti-money laundering and combating financing of terrorism, lifting interest rate ceiling on small-value foreign currency deposits, foreign exchange administration, separate accounting and prudential management, and officially introduced free trade account.

Second, free trade account information system capable of 24-hour case-by-case monitoring was developed to build a strong concurrent and ex post regulatory system. A free trade account information system, covering the PBC, financial institutions, as well as enterprises and individuals that have opened accounts, was developed for separate accounting, closed-off management and electronic fencing. Real-time free trade account monitoring center was established to conduct concurrent and ex post regulation and risk management by tracking funds in accounts around the clock on a case-by-case basis.

Third, capital account convertibility was promoted in a type-based and controllable manner. Built upon necessary macro and micro prudential management, work on capital account convertibility processed in a well-sequenced fashion.

Fourth, interest rate self-regulatory organization was set up and the path was found for effective interest rate liberalization under the precondition of keeping risks under control. The role of two hands, namely regulation and market, was given full play, with achievements in market-based foreign currency deposit rate reform, featuring no interest rate hikes and no deposit runs. With regard to regulation, an interest rate management mechanism was developed, including monitoring, guidance and ad hoc controls of interest rates. In terms of market development, the interest rate self-regulatory committee was founded to give full play to the role of large commercial banks as a stabilizer in deposit pricing.

Fifth, efforts were made to effectively streamline administration and delegate power as well as adopt negative list, with financial sector's capacity for serving the real economy improved tremendously. A fully concurrent and ex post regulatory model was introduced to RMB cross-border business without any ex ante administrative approval. A negative list was adopted for foreign exchange administration, while some administrative approvals were removed. The negative list was used for surrendering foreign currency-denominated capitals by foreign-funded enterprises in the Shanghai FTZ and surrendering foreign currency debts in multinationals' funds management pilot program, while the approval procedures for those continuing to require prior approval were also simplified significantly.

Sixth, risk prevention was kept as an important bottom line, while macro and micro prudential financial policy framework and arrangements for safeguarding financial security were put in place for the open economy. The committee of the PBC Shanghai Head Office on supporting the development of the Shanghai FTZ and the committee on risk prudential assessment mechanism were established to strengthen coordinated regulation of local and foreign currencies. The nationally consistent macro prudential management framework was implemented continuously, and macro prudential arrangements for overseas RMB financing were developed. The regulation related to combating three types of acts was enhanced, i.e. money laundering, terrorist financing and tax evasion. Information sharing and regulatory cooperation with the Shanghai Municipal Government and various financial regulators were strengthened.

2.3 Several issues in economic and financial performance merit attention

In 2014, Shanghai actively addressed such challenges as increasing downside pressure on economic growth, while its economic transformation and upgrading accelerated amid economic restructuring and social development was advanced steadily on the back of reforms and innovations. The year of 2015 is the last year of the 12th Five-Year Plan and also a critical year in mapping out the 13th Five-Year Plan. At the global level, overall economic recovery is expected to gain speed, but risks will probably remain elevated. At the domestic level, China's economic development has moved to new normal for the time being, with significant changes in growth pattern and economic structure and the economic growth rate shifting from high gear to medium-high. In the meantime, downside pressure remains high, as economic transformation and adjustment may take a long time. Shanghai should continue to uphold the innovation-driven development, economic transformation and upgrading, adapt to new normal in economic growth as well as structural changes in the economy and demand, focus on fostering new sources of growth, activate economic dynamism, and improve the quality and efficiency of growth.

2.3.1 Difficulties in economic transformation deserve attention

In 2015, Shanghai's economy would face both opportunities and challenges, as innovation and transformation are at a critical phase. On the one hand, measures for expanding the Shanghai FTZ would be applied across Pudong new district, while some innovative measures would be adopted citywide, which would inject new momentum into Shanghai's economic transformation and upgrading. The persistently increasing share of the tertiary industry added stabilizing elements to Shanghai's economic growth. In addition, Shanghai would fully initiate the development of a science and technology innovation center with global influence in 2015, which would in turn further catalyze social innovation and entrepreneurship. On the other hand, Shanghai still faces various difficulties in economic transformation. First, effective demand is obviously insufficient and deflation risk is rising. Second, restructuring remains a huge task, as the growth of such industries as iron and steel, petrochemical and electronic information is persistently in the negative territory, and in the short term, emerging industries would find it hard to close the gap resulting from growth slowdowns caused by structural adjustments in traditional industries. Third, against the backdrop of new normal, reform and innovation in Shanghai would become more urgent as requirements are higher and tasks are heavier, despite the fact that Shanghai is already one step ahead of national economic transformation. Fourth, government project financing has run into a policy bottleneck, which would be a drag on the progress of citywide infrastructure construction and the renovation of old areas. Fifth, Shanghai still faces the big task of improving people's livelihood. In general, Shanghai's economic development in 2015 would be confronted with bigger challenges as compared with 2014, and growth would probably slow down further.

2.3.2 The impact of the capacity for science and technology innovation on Shanghai's economic development merits attention

The report of the 18th National Congress of the CPC stressed the implementation of an innovation-driven development strategy, and clearly stated that science and technology innovation must take the center stage in national development, as it would provide a strategic support for improving social productivity and the overall national strength. In May 2014, Chinese President Xi Jinping noted during his inspection in Shanghai that efforts should be made to turn Shanghai into a leading player in promoting science and technology innovation and adopting an innovation-driven development strategy in China and the world, and to speed up the advancement towards a science and technology innovation center with global influence. In 2014, investment in scientific research in Shanghai increased steadily with the full-year research and development expenses posting 83.1 billion yuan, accounting for 3.6% of the local GDP. The application of science and technology innovation was quite productive, as there were 643 cases of application of new and high-tech findings, among which such key areas as electronic information, biomedicine, and new materials took up 86.5% of the total. As of the year-end, there were 15 state-level innovative enterprises, 19 pilot state-level innovative enterprises, 500 municipality-level innovative enterprises, and 252 service-oriented enterprises equipped with advanced technology. However, it must be recognized that compared with Beijing and Shenzhen where the capacity for innovation is well-established, the foundation for science and technology innovation in Shanghai is yet to be strengthened, the capacity for original innovation be improved, and market be given full play in allocating innovation-enhancing resources. Shanghai faces higher resource, environment and demographic pressures, which makes it more urgent to complete economic transformation and upgrading. Shanghai must do the following if it aspires to become a globally influential science and technology innovation center: fully understand the significance of adopting an innovation-driven development strategy and put improving the capacity for self-dependent innovation high on the science and technology development agenda; deepen institutional reforms to increasingly allow enterprises to play the leading role in technological innovation; and implement the innovation-driven development strategy on the basis of national circumstances but with a global vision.

Part Ⅲ
Banking Sector

In 2014, under the complicated economic and financial environment, Shanghai's banking sector adjusted structure, prevented risks and smoothly promoted each work with reform and innovation. As a result, significant achievements were made in the transition and development, which formed a favorable foundation for Shanghai's financial stability. Meanwhile, many challenges were faced in the transition, pressure increased in management and NPLs rebounded continuously. By improving management modes, Shanghai's banking sector saw an obvious tendency that banking assets were transformed to financial products, with profits growth beyond expectation as well as steady operation of institutions in general.

3.1 Performance of Shanghai's banking sector

3.1.1 Assets and liabilities increased steadily while structural changes emerged

In 2014, both assets and liabilities of Shanghai' banking financial institutions grew steadily. By the end of the year, the outstanding assets[①] of Shanghai's banking financial institutions reached 11.27 trillion yuan, up 15.14% year-on-year, while the liabilities totaled 10.86 trillion yuan, up 14.86% year-on-year. The outstanding deposits

① As to the indicators of banking sector throughout the country, the outstanding assets totaled 168.2 trillion yuan, up 13.6% year on year; the outstanding deposits reached 117.4 trillion yuan, up 9.6% year on year; the outstanding loans was 86.8 trillion yuan, up 13.3% year on year.

denominated in RMB and foreign currencies posed at 7.39 trillion yuan, up 6.7% year-on-year, a drop of 2 percentage point compared to the beginning of the year. The outstanding loans denominated in RMB and foreign currencies were 4.79 trillion yuan, up 8% year-on-year, a slightly fall of 0.4 percentage point from the beginning of the year.

3.1.1.1 Growth of deposits and loans slowed down

The drop of growth rates of deposits and loans appeared even faster than the slowdown of GDP growth in Shanghai financial institutions, which topped all provinces and municipality cities throughout the country. As of end-2009, the growth rates of deposits and loans in Shanghai's banking sector climbed to a high of 23.5% and 21.8% respectively, both of which were much higher than the GDP growth rate of 8.2%. By the end of 2014, the growth rates of deposits and loans declined to 6.7% and 8% respectively, particularly the deposits growth rate was lower than the GDP growth rate of 7% at the same period. Compared to the whole country, the slowdown of growth in deposits and loans in Shanghai was much obvious. The growth rates of deposits and loans in banking sector nationwide were 1.17 and 1.35 times than those in Shanghai at the end-2008, which climbed to 1.57 and 1.7 times at the end of 2013, and reached 1.62 and 1.60 times at the end of 2014, which ranked 30th and 34th respectively in 36 provinces and municipality cities throughout the country.

3.1.1.2 The proportion of off-balance sheet business enlarged continuously

By the end of 2014, the proportion of loans to assets of Shanghai's banking sector fell to 42.73%, a decline of 2.74 percentage point than that of the end of 2013. Meanwhile, contribution of off-balance sheet business grew consecutively. As of end-2014, the outstanding loans of off-balance sheet business reached 1.98 trillion yuan, up 16.41% year-on-year, higher by 8.25 percentage point than all loans of the same period. The ratio of off-balance sheet business to assets rose to 17.60%, up 0.2 percentage point than that of the beginning of the year.

3.1.1.3 Deposits consisted of more wholesale, structured and term products with capital costs increased significantly

By the end of 2014, the proportion of deposits to liabilities of Shanghai's banking sector dropped to 65.49%, a decline of 5.52 percentage point than the end of 2013. The liabilities of interbank business accounted for 26.23% of all, a rise of 5.53 percentage point over the end of 2013. New added term deposits, structural deposits and negotiated deposits reached 91.488 billion yuan, 69.173 billion yuan and 42.139 billion yuan respectively, totally accounting for 51.28% of all new added deposits. Meanwhile, the new added current deposits merely accounted for 24.94% of all. Capital cost jumped significantly. Calculated by daily average in the first three quarters, the interest expenditure of Shanghai's banking sector reached 1.71 yuan per 100 yuan of deposits, an increase of 0.06 yuan over the same term of 2013, or up 3.6% year-on-year. The interbank weighted repo rate (for 7 days) lifted from the fluctuation interval of 2.5%~3% at the beginning of the year, to the interval of 3.5%~4%. As a result, the interbank capital cost kept rising.

3.1.2 Credit structure kept improving and significant achievements were made in supporting the real economy

In terms of credit orientation, credit structure continued optimizing and the proportion of the tertiary industry to all new added loans kept rising. In 2014, the tertiary industry contributed 247.24 billion yuan to Shanghai's new added enterprise loans (excluding bill financing) denominated in RMB and foreign currencies, accounting for 100.2% of all new added domestic enterprise loans (excluding bill financing), which maintained rising within the year. Particularly, loans provided to wholesale & retail industry decreased by 28.91 billion yuan, but loans provided to hotel & catering service, transportation, storage & postal service, financial service, leasing & commercial service increased by 3.66 billion yuan, 18.02 billion yuan, 16.59 billion yuan and 56.93 billion yuan respectively. Loans provided to the secondary industry grew by 1.77 billion yuan. In particular, 15.49 billion yuan of loans were invested to the electricity, thermal power, gas and water production industry with 2.4 billion yuan provided to construction industry. However, loans to manufacture business declined by 13.16 billion yuan, which reflected setback of industrial enterprises sentiment in the city.

In 2014, the new added loans denominated in RMB and foreign currencies to real estate development realized 82.93 billion yuan, an increase of 43.11 billion yuan year-on-year. Specifically, loans to the land development rose 21.11 billion yuan, with an increase of 11.25 billion yuan year-on-year. Subjected to limited financing channels and the growing cost, real estate enterprises tended to rely on traditional credit. The new added housing development loans in 2014 totaled 61.82 billion yuan, an increase of 31.86 billion yuan year-on-year. Particularly, influenced by government's enhancement on affordable housing construction, the new added loans of affordable housing development reached 15.37 billion yuan, up 6.5 billion yuan year-on-year.

Credit invested to small and micro-sized enterprises had rebounded since the second half of 2014. In 2014, due to the cleaning-up of loans to government investment platforms as well as more direct financing with lower cost by large-sized enterprises, loans denominated in RMB and foreign currencies provided to large-sized enterprises by financial institution dropped by 48.83 billion yuan in Shanghai. However, loans denominated in RMB and foreign currencies provided to medium and micro-sized enterprises grew by 55.86 billion yuan, 52.21 billion yuan and 21.75 billion yuan respectively. As of end of the year, the new added loans to micro and small sized enterprises of all financial institutions in Shanghai accounted for 91.3% of all new added loans, which largely expanded by 79.4 percentage point over the end of June.

3.2 Soundness assessment of Shanghai's banking institutions

3.2.1 Capital adequacy ratio dropped slightly, which was still above the supervisory requirement

The capital adequacy ratio of Shanghai's banking institutions edged down year-on-year. By the end of 2014, the average capital adequacy ratio of domestic corporate commercial banks stood at 12.44%, down 1.06 percentage point year-on-year. Meanwhile, the average capital adequacy ratio of foreign corporate banks reported 18.16%, down 0.60 percentage point year-on-year. With the strengthened supervisory requirement on capital, corporate banks in Shanghai enhanced capital management in a more active manner, with broadened channels for capital supplement. Some banks even launched staff's shareholding scheme through non-public offering. The promotion of these capital financing tools diversified channels for capital supplement, which provided fundamental assurance for the development of banking business.

3.2.2 Both NPLs and NPL ratio continued rising but asset quality was generally controllable

In 2014, under the impact of the slowdown of macro economy, despite strengthened disposal of NPLs, Shanghai's banking sector still witnessed increasing NPLs and NPL ratio. As of end-2014, the outstanding NPLs of Shanghai's banking sector stood at 42.714 billion yuan, up 19.4% year-on-year, an increase of 6.942 billion yuan over the beginning of the year. Seen form quarters, the four quarters increased by 4.919 billion yuan, 738 million yuan, 752 million yuan and 533 million yuan respectively, which showed an unchanged growth trends of NPLs. The NPL ratio climbed to 0.89% by 0.08 percentage point over the beginning of the year.

In terms of the distribution of institutions in Shanghai's banking sector, the NPLs grew significantly in the state-owned commercial banks and city commercial banks. Particularly, the outstanding NPLs of state-owned commercial banks surged by 4.409 billion yuan than the beginning of the year, up 32.27% year-on-year, with NPL ratio of 0.94%, up 0.18 percentage point over the beginning of the year. Meanwhile, the outstanding NPLs of city commercial banks increased by 2.794 billion yuan, up 124.55% year-on-year, with NPL ratio at 1.21%, up 0.63 percentage point over the beginning of the year. Under the accelerating process of NPLs disposal, the outstanding NPLs of joint-stock commercial banks declined by 1.963 billion yuan, with a drop of 0.03 percentage point compared to the beginning of the year. Analyzed by sectors, credit risks mainly centralized in wholesale and retail sectors, manufacture and personal loans (including housing mortgage loans), of which outstanding NPLs accounted for 54.67%, 19.96% and 12.62% respectively.

In 2014, Shanghai's banking sector witnessed rises in both outstanding NPLs and NPL ratio. However, asset quality began to stablize in the second half of the year. In respect of the whole year tendency, owing to the sustaining drop of steel price, pressures on the sale of steel trade and credit default increased in the first 8 months. Meanwhile, NPLs spread from specific sector to surrounding sectors by the transmission of guarantee chain and industrial chain, which resulted in expansion momentum of NPLs in banking sector. The NPL ratio of Shanghai's banking sector reported 0.97% at the end of August, and then each bank enhanced disposal measures since September. As a result, the scale of NPLs was gradually under control, and NPL ratio began to fall, which declined to 0.89% at the end of the December, down 0.08 percentage point compared to the peak in the year. In terms of risk compensation capacity, the ratio of new generated NPLs to gross profit before deducting asset impairment loss gradually climbed from 0.63% to 6.13% from 2010 to 2014, which reflected sustained enlargement of risk exposure. Shanghai's banking sector will still experience restructuring and upgrading for some time. The asset quality of banking sector will tend to worsen further, and commercial banks will face great challenge in risk management.

Table 3–1 NPLs and NPL Ratio of Shanghai's Banking Sector in 2014

Unit: 100 million yuan

	2013.12	2014.03	2014.06	2014.09	2014.12
Outstanding NPLs	357.72	406.91	414.29	421.81	427.14
NPL Ratio	0.80%	0.88%	0.90%	0.90%	0.89%

3.2.3 With complex factors of liquidity changes, the liquidity management became more challenging

In 2014, interest rates of monetary market presented a U-trend. For an instance, affected by market liquidity changes during the Spring Festival period, 7-day inter-bank rate jumped rapidly since the middle of January, which hit the highest at 6.64%. It then dropped to the bottom of 2.34% in the middle of March, and fluctuated in the span of 3% to 4% with a gradually narrowing range since April. Near the end of the year, market rates rose tremendously with a second top at 6.26% on December 22, afterwards slightly declined and ended at 4.89% on December 31. From the aspect of fluctuation range of interest rates, it narrowed compared to 2013. Specifically, the annual interbank rate range reached 430 base point, down 540 base point year-on-year.

With the development of financial market, sources and uses of funds in commercial banks became more diversified. Especially due to the development of inter-bank business, banks gradually changed from institutions mainly holding asset and liability to institution operating transactions, whose business shifted from stock business to flow business. There were various factors influencing liquidity condition in banking institutions. Particularly in key time point such as month ends or quarter ends, banks need large amounts of funds to pay or to transfer to off-balance sheet, which added new challenges in liquidity management. In 2014, financial institutions enhanced asset and liability management and further prioritized liquidity risk management. Therefore, liquidity demands at special time point were generally arranged in advance, which reduced the influence of seasonal factors on market price.

3.2.4 Profitability exceeded expectation with sustainability of business development strengthened

The banking sector faced multiple shocks under the "New Norm" of the economy in 2014. For example, economic growth shifted, financial reform sped up, information

& technology progressed, inter-bank competition intensified and regulation was enhanced. All these brought notable challenges to management in commercial banks. Confronted with these changes, the profitability of Shanghai banking sector profit still grew moderately, with profits exceeding expectation and profit growth rate differentiated among banks. Profit structure was characterized by lower "interest income proportion, and stabilized intermediate business income".

In 2014, net interest income posted 200.9 billion yuan, accounting for 74.4% in net operating income, down 1.74 percentage point year on year. Intermediate business income reported 52.3 billion yuan, accounting for 19.4% in net operating income, flat year-on-year. Compared with profit structure of banks nationwide, in the first three quarters, the proportion of interest income in net operating income was 5.1 percentage point lower in Shanghai banks than that of the banks nationwide. The proportion of intermediate business income was 3.8 percentage point higher than nationalwide. Banking institutions in Shanghai gained annual profit of 137.882 billion yuan, up 18.24% year-on-year. Corporate banks in Shanghai realized pretax profit of 78.132 billion yuan, up 16.92% year-on-year. Foreign corporate banks realized pretax profit of 15.501 billion yuan, up 32.95% year-on-year. Overall, business expansion and net interest margin were still the main reasons for stable income in banks. Cost to income ratio continued to fall. Under intensive operation and scale effect, overall operating costs kept natural growth. Decline in the cost to income ratio contributed to the increase of banks' profits.

Box 2 Asymmetric interest rate cut of business brings new challenges to commercial banks

On November 22, 2014, the People's Bank of China lowered the one-year benchmark lending rate by 0.4 percentage point to 5.6 percentage point, cut the benchmark one-year deposit rate by 0.25 percentage point to 2.75 percentage point, and in combination with the reform of interest rate liberalization, lifted the ceiling of deposit rate floating range from 1.1 times of the benchmark deposit rate to 1.2 times in financial institutions, every other benchmark lending and deposit rates were adjusted accordingly, and the benchmark interest rate terms had been simplified.

This round of PBC's asymmetric interest rates cut had further promoted the process of market-oriented interest rate reform. The expansion of financial institutions' pricing range also brought new challenges to their operations. In order to maintain the stability of deposits, commercial banks in Shanghai had generally lifted the ceiling of one-year deposit interest rates to 1.2 times of the benchmark interest rate.

Main challenges posed by asymmetric interest rates cut on commercial banks are as follows. First, waiving partial classes of benchmark interest rates would lead to the lack of deposit and lending pricing benchmark of corresponding period, commercial banks would face challenges in finding new pricing benchmark in reference to current market interest rates system, and the new benchmark rates can both accurately reflect capital cost, avoid significant fluctuations and realize relative stability. It is expected that direct financing market (bonds, etc.) products yields will provide credit markets with more benchmark reference. Second, the ceiling of floating range of deposit interest rate expanded to 1.2 times of benchmark interest rate. As the customers' sensitivity to deposit rate was enhanced, bank deposits might have a more obvious preference on term deposits. Third, the expansion of deposit interest rate floating range would, to a certain extent, raise commercial banks' financing costs, and narrow interest rate margins. The impacts on commercial bank's profitability will gradually appear after a period of time.

In response to new challenges, commercial banks will give much focus on assets and liabilities scale, customer structure, maturity structure, etc., so as to improve active liability management and risk pricing ability, and will put priority on comprehensive income contribution of different customers. In addition, according to some commercial banks, in order to make up for the impact on profitability, they would give priority to short term deposits, reduce interest cost, raise interest rates of new lending as possible, and prefer long term fixed interest rate loan business, so as to lock loans income in advance, extend cycle of asset re-pricing, prevent interest rate risk, and bear liquidity risk at the same time.

3.3 Aspects of concern in development of Shanghai banking sector

In 2014, as the banking sector faced various uncertainty factors, the complexity on risk management increased. Banks need to strengthen risk control and enhance reform and transition, especially to pay high attention to credit risk, liquidity risk and operational risk in key fields.

3.3.1 Concerns on increasing concentration on real estate loans rise in and multi-polarization of risk origin

Shanghai is one of the few cities whose real estate restrictions still stand. In the market of new commodity housing (excluding low-income housing), supply in area had exceeded turnover for 15 consecutive months. Available area for sale at the end of December 2014 hit a record high, up to 13.32 million square meters with divinatory cycle close to 19 months. Shanghai's real estate market had no basis for sharp rebound, but credit resources accelerated to concentrate in the field continuously, presenting historical "three highs". Firstly, nearly forty percent increments loans flowed to real estate, and the proportion reached a record high; Secondly, at the end of the year, the outstanding loans on real estate accounted for 27.6% of all loans, which reached annual high; Thirdly, the increment of real estate development loans hit a record high. Shanghai banking institutions had convergence in enthusiasm for real estate credit, especially for Shanghai branches of Chinese banks.

By the end of 2014, the NPL of real estate loans in Shanghai posted 5.059 billion yuan, an increase of 349 million yuan compared to the beginning of the year. NPL ratio reported 0.38%, down 0.02 percentage point compared to the beginning of the year. Momentum of risk exposure in real estate loans was moderated compared with 2013, and NPL ratio turned down with bad loans increment declining, and incremental NPL in personal loans decreased by 810 million yuan less year-on-year in particular. At the same time, the origins of risk exposure in real estate loans became multi-polarized, and risk spread from concentration in housing loans to development loans. In 2014, the outstanding NPLs of real estate development increased by 358 million yuan with NPL ratio rising from 0.14% at the beginning of the year to 0.18% at the end of the year in Shanghai.

3.3.2 Concerns on the government platform loan risk

In 2014, Shanghai banking industry adhered to the basic guidelines of "scale control, classified management, differentiated treatment and gradual resolution", and strengthened the monitoring and management on platform loan risk. By the end of the year, Shanghai had 227 financing platforms in broad term, with outstanding loans of 507.1 billion yuan, down 35.4 billion yuan compared to the beginning of the year, a decline of 6.5%, 2 percentage point lower year-on-year. The municipal and district governments accelerated reimbursement, which contributed to reduction of total platform loans and larger decrease year-on-year. No overdue or bad loans were observed. The structure of platform loans was further optimized. New loans were mainly used for land reserve, urban infrastructure, rail transportation and other areas on people's livelihood, which considerably supported development of real economy. In 3Q 2014, the state council issued instructions on strengthening local government debt management and deepening reforms on budget management system. Some measurements could lead to government platform debt evasion, and increase potential credit risk to banks, for an instance, stripping of the government financing function from platform companies, screening outstanding government debt, ensuring follow-up financing for under-construction projects, creditors' undertaking corresponding responsibility and loss in line with commercial principles, etc..

3.3.3 Concerns on commodity price volatility and risk of arbitrage on trade financing

Commodity trade and financing continued to grow rapidly, while risks had also accelerated to concentrate. Some enterprises conducted arbitrage by taking advantage of interest rate and exchange rate spread through fictitious commodities trading, and connected with domestic real estate and the stock market or other investment risk, which transmitted risk to banking institutions. Taking L/C business as an example. By the end of 2014, outstanding balance of L/C on off-balance-sheet of Shanghai banking institutions reached 222.1 billion yuan, 3.8 times than that of 5 years ago. In these 5 years, except the slight contraction of the off-balance-sheet L/C by 1% at the end of 2012 due to steel trade risk exposure, the rest of years witnessed an average of 67% expansion. The Shanghai FTZ, according to relevant data, had accumulated 75% of the world's copper inventory, which presented copper related arbitrage trading and financing by exporters or even real estate developers, state-owned or private enterprises. At the same time, owing to the decrease of overall commodity prices in 2014, some commodity prices fell significantly. In particular, iron ore and crude oil prices plunged by 40%~50%, while the prices of rebar, coking coal, coke, copper and corn dropped by 10%~20%. The significant fluctuation in prices would easily induce trade financing risk.

3.3.4 Concerns on potential risk of undisciplined development in off-balance sheet business

Since the release of *Notice on regulating financial institutions interbank business*

(CBRC〔2014〕No.127) and *Notice on interbank business governance of commercial banks* (CBRC〔2014〕No.140) , the three party trust beneficiary resale mode was suspended, other non-standardized inter-bank business had also been quantified risks and set aside corresponding provision of capital according to the principle of "substance above form" . Banks' non-standard debt business had entered the period of adjustment. But the following risks still needed concerns. First is the credit risk of underlying assets. At present, the approach of paying due trust scheme by newly issued trust plans was unsustainable. Some trust plans may appear to be difficult to repay due to macroeconomic deterioration breaks of funding chain by creditors or other reasons. It was anticipated that risk exposure would largely appear in real estate sector, industries of overcapacity, and government financing platforms, and other fields that financially supported by third party mode. Second was potential risk in off-balance-sheet trust loan business. In 2014, trust loans of Shanghai banking sector grew by 27.8% yoy, far more than the 8% of the growth rate of all loans during the same period. In particular, the broker commission credit business which should be an intermediary business whose credit risk should be born by banks, however, substantial risk is taken by banks, which is against the nature of the entrusted loan business. In addition, banks' brokerage of entrusted loan business to evade credit limit, capital provision, and other regulatory requirements for balance sheet business, could be regarded as regulatory arbitrage.

Box 3 PBC Shanghai Head Office carried out supervision on Shanghai banking institutions in implementation of standardized interbank business

In accordance with the *Notice of Financial Stability Bureau of the People's Bank of China on the Supervision of Banking Financial Institutions to Implement Standardized Interbank Business*, the PBC Shanghai Head Office attached great importance, fully prepared, made solid progress, and completed supervision on Shanghai banking financial institutions as planned. After careful deployment, Shanghai Head Office carried out step by step schedule on the supervision work, namely, "Self inspection-Revision-Sample Examination". On the basis of financial institutions' self-inspection, focusing on spot check, Shanghai Head Office had dig into the development and implementation of file No. 127 of Shanghai banking financial institutions' interbank business. Inspection team worked in accordance with the terms of No. 127 and examined the implementation of the Notice article by article. On one hand, inspected financial institutions understood the Notice at the management level, and had aborted nonstandardized business, and modified relevant management systems. Inter-bank financing business tended to be standardized. On the other hand, some problems remained in the interbank financing business. First was the drawer agreement issued through explicit or implicit guarantee. It evaded the requirements of risk asset calculation by accounting on or off the book or in a non-standardized way. Second was that branches modified the headquarters' product manuals without authorization, and signed different contracts with counterparties. Third was that institutions did not follow the reporting procedures on significant default risk of underlying assets, which let to non-standardized assets traded with flaw. The violation behaviors hid the actual credit risks undertaken by banks, which led to severe insufficiency in capital and provision.

3.3.5 Concerns on the reputation risk of the banking sector

In 2014, Shanghai banking regulatory authorities received 4 527 letters of complaints, up by 21.63% yoy. Among them, the letters and visits of complaints presented a "blowout" growth, from about 70 per month in 2013 growth to about 113 per month, an increase of nearly 60% year-on-year. Complaints of customer service dispute accounted for 88%, mainly concentrated on credit cards, agent business, fees, etc. Banks were facing serious reputational risk. Reflected by regulatory on-site inspection, causes were as follows. First, some banks' loose examination on customers with cumulative high credit lines, unsolid investigation on sufficient information, weak implementation on rigid deductions, and lack of efficient control on merchant's cashing out from credit cards. Second, wealth management and agency business were not standardized. It was generally observed that in inspected banks, the effect of double records was not clear, and the reservation was shortened. Meanwhile, other problems still occurred in misleading sales, unqualified wealth managers who lacked sufficient training, marketing incentives, insurance companies' location-selling, improper handling of complaints. Above all, it exposed the weak awareness of banking sector to deal with consumers in a fair manner, and the lack of consumer protection mechanism in processing products and services.

Part IV
Securities Sector

In 2014, Shanghai's securities industry was running well. Its fundamental institution building and industry regulations were further enhanced. Industry innovation capability was significantly improved. International business was accelerated. The financing function of securities market was developing steadily. At the same time, the asset scale of securities companies grew rapidly. Risk management system was running well. Profitability was distinctly promoted.

4.1 Development and performance of Shanghai's securities industry[①]

In 2014, the amount of newly established companies reached 110 in Shanghai, including various kinds of securities and futures companies as well as other licensed institutions. Specifically, it involved 2 securities companies, 12 securities company branches, 59 securities business departments and a securities credit rating agency; a fund management companies, 7 independent fund sales agencies and 11 fund management companies' specialized subsidiaries; 9 futures business departments, a futures company branch and 7 futures risk-management subsidiaries. Securities and futures companies in Shanghai were embracing diversification and versatility. And the number of these institutions topped the list in China. Better still, the number of 8 types

① The data of the financial institutions are not audit.

of organizations, including security companies, fund management companies, futures companies, specialized subsidiaries of fund companies, etc. ranked first in China. With the clustering effect being further posed, all types of these financial institutions enjoyed business coordination and regulated competition.

Securities companies. By the end of 2014, there were 22 securities firms located in Shanghai, accounting for 17.9% of 123 ones nationwide, 76 securities company branches, 559 securities business departments. Additionally, there were 16 securities investment consulting companies, 6 Shanghai branches of nonlocal investment consulting companies and 3 securities credit rating agencies. The total assets of local securities companies reached 916.84 billion yuan, with its net assets reaching 192.39 billion yuan and net capital reaching 144.92 billion yuan①, increasing 100.55%, 13.99% and 17.53% year-on-year respectively.

Box 4 Shanghai securities companies were faced with a new round of cluster and reconstruction

In 2014, Shanghai securities industry was reshaped with faster pace of institution cluster and emergence of acquisition, reorganization and shareholding modification. Furthermore, all the companies actively sought the way of enhancing their capital strength and reinforcing their foundation to become bigger and stronger.

Firstly, many new asset management subsidiaries set up and gathered in Shanghai. With the acceleration of international financial center construction, Shanghai was constantly strengthening its position as asset management center. In 2014, Qilu Securities and Huatai Securities set up asset management subsidiaries with independent legal qualification in Shanghai; and 3 other companies were in the process of application. With all these companies being established, the scale of Shanghai's securities asset management would account for half of the industry in China. As for the number of institutions, by the end of 2014, there were 22 registered securities companies (including 6 asset management subsidiaries),

① Huatai Securities (Shanghai) Asset Management Limited obtained business license in December 26, 2014. Therefore, the data of the financial situation and the business performance of Shanghai's securities companies is collected from 21 securities companies, not including Huatai Securities (Shanghai) Asset Management Limited (the same as below).

continuously ranking the first in China.

Secondly, acquisition, reorganization and shareholding modification took place in many securities companies. Shenyin Wanguo Securities took acquisition of Hongyuan Securities, becoming the largest market acquisition ever in securities industry of China. Shenwan & Hongyuan Group Co., Ltd., the merged company, registered in Xinjiang. At the same time, Shenwan & Hongyuan Securities was set up with all the securities assets and liabilities of Shenyin Wanguo Securities and Hongyuan Securities, with 33 billion yuan registered capital and Shanghai as its registered place. The acquisition achieved multi-win-win situation, for it was not only of significance for the companies' future development but also set a positive role for the promotion of the securities industries consolidation. Additionally, Guotai Junan Securities purchased the controlling stake of Shanghai Securities and gradually integrated and optimized its business structure; Zhuhai Financial investment purchased the controlling stake of Aerospace Securities; Shanghai Huaxin Energy tookover CLSA; foreign shareholders withdrew the share of Haiji Securities. All these laid a new foundation for future development of securities industry.

Thirdly, securities companies made great efforts to enhance their capital strength. They seized the opportunities of industry innovation and development, drew up plans according to their needs of business development and took various ways to enhance their capital strength. Haitong Securities and Everbright Securities had already been listed. Besides, Orient Securities' application for initial public offering and listing had passed the audit of the Issuance Examination Commission of China Securities Regulatory Commission; and Guotai Junan Securities was under audit. Other companies were actively seeking for capital and share expansion, further enhancing capital strength and supplementing liquidity by various financing instruments, so as to better support continuous innovation and development as well as meet the demands of serving the real economy and investors.

Fund companies. By the end of 2014, there were 45 fund companies located in Shanghai, roughly accounting for 47.37% of 95 ones nationwide, 28 branches of fund companies, 3 fund evaluation institutions, 13 independent fund sales institutions, 7 third-party payment institutions for fund and 34 specialized subsidiaries of fund companies. The fund companies in Shanghai managed 797 public funds with a total net value of 1 276.9 billion yuan, which saw year-on-year rises of 18.07% and 35.81%

respectively. The subsidiaries of Shanghai fund companies managed assets with a total value of 1 202.2 billion yuan, increasing 113.20% year-on-year.

Futures companies. By the end of 2014, there were 28 futures companies located in Shanghai, accounting for 18.5% of 151 ones nationwide, 137 futures business departments, a branch of futures company, 13 futures risk-management subsidiaries. Total assets of Shanghai futures companies climbed to 85.534 billion yuan (customer equity included), which saw year-on-year increase of 38.35%. Net assets, net capital and customer equity reached 12.995 billion, 10.533 billion and 71.009 billion yuan separately, which saw year-on-year increases of 25.68%, 17.12% and 41.47% respectively.

4.1.1 Fundamental institution building and industry regulation were further improved

4.1.1.1 Securities industry

Corporate governance was increasingly enhanced. In 2014, the governance structure of Shanghai's securities companies was overall valid. The "three commissions" operated normatively . Business control system and interior restraint mechanism were continuously improved. And the accountability system was further strengthened and implemented. By the end of 2014, there were 2 listed securities companies located in Shanghai and 2 others preparing for their market listing.

Risk management system was in building. In 2014, the framework of overall risk management system took its initial shape, with risk managers in place generally, the dynamic monitoring system of risk control indicators already established and the risk management reporting system overall established. At the same time, liquidity risk management was brought into the scope of internal control and was gradually becoming normalized.

Compliance management was increasingly deepened. The compliance management system and the supporting measure of Shanghai's securities companies were basically established. Both the compliance management system and the information fire wall system were in effective operation. Moreover, the ability of finding and solving problems in compliance management were improved. In 2014, 11 securities companies in Shanghai took part in classified assessment, 4 of them were graded AA in category A, accounting for 20% of all 20 rated AA companies nationwide.

4.1.1.2 Fund industry

Fund companies' internal control and risk management level were steadily promoted. Mechanisms including the "triple bottom lines" and the inside trading prevention in Shanghai fund companies were further enhanced. Risk-control measures of innovative businesses and unexpected incidents management were further improved. All of these played a supportive role in companies' development. Moreover, fund companies and their employees further strengthened their awareness of normative practice.

Self-disciplinary management mechanism in fund industry operated smoothly. Shanghai Asset Management Association participated in "12386" hotline complaints handling, which integrated industry resources, advanced work efficiency and reduced regulation costs. The newly established specialized committee on asset management business for specific customers promoted the healthy development and the standard operation of account business. Furthermore, communication platforms for the industry were established by holding activities like inspectors general joint conferences and managing directors salons.

4.1.1.3 Futures industry

Compliance management level maintained its growing trend. Futures firms upgraded their compliance management capability by means of regulatory information notices, seniors' joint conferences, compliance trainings and chief risk officers' quarterly assessment. In the classified assessment of 2014,11 futures firms in Shanghai made historical breakthrough by rating in category A, ranking first in the whole country for four consecutive years.

Administrative regulations for risk surveillance were further promoted. In order to adapt business innovation for futures companies and stimulate futures industry's creativity, China Securities Regulatory Commission (CSRC) issued the *Measures for the Administration of Futures Companies* in 2014. The regulations further extended the business scope of futures firms, simplified their procedures of administrative licensing and filing as well as stimulated the vitality of market innovation.

Information technology (IT) basis of the futures firms was further reinforced. Its IT governance structure was further optimized. In 2014, 9 futures firms successfully took China Futures Association's information technology guideline inspection and review. By the end of 2014, 17 companies in Shanghai had reached IT level III and 9 companies had obtained IT level II. The absolute number and relative proportion were both topping the rankings nationwide.

4.1.2 Industry innovation capability was further strengthened

4.1.2.1 Securities companies

Securities companies in Shanghai were continuously enhancing in both the depth and the scope of their business innovation. One of them became the first non-bank financial institution with the qualification of foreign exchange sale and purchase business; 2 companies were authorized to launch pilot project of equity incentive and strike financing in listed companies; 3 companies obtained the qualification of gold proprietary trading, factoring, debiting and crediting; 5 companies were involved in the business of equity security yields swap trade; 6 companies launched pilot project on internet securities business; 8 companies became market makers of the New Three Board; 10 companies launched Shanghai-Hongkong Stock Connect brokerage business. Additionally, 9 companies sponsored 227 companies' public listing on the New Three Board. The benefit of innovative business had gradually appeared. For the securities companies in Shanghai, the ratio of innovative business' revenue to the operating revenue increased to 25% from less than 10% 3 years ago. For some companies, the ratio was high up to 35%. Besides, sources of securities companies' revenue turned from simplification to diversification. And structure of their revenue had substantial improvement. 2 companies in Shanghai were in the top 5 in the industry on the aspects of asset size and profitability.

4.1.2.2 Fund companies

From the aspect of the organizational structure, Lombarda China Fund Management launched divisional organizational reform and became the first publicly offering fund company that implemented the equity incentive plan in China. And Maxwealth Fund Management firstly implemented whole employee stock ownership among all the publicly offering fund companies. As for product innovation, fund companies in Shanghai successively launched innovative products, including equity QDII structured fund and floating rate structured fund, etc. China Universal Asset Management and Fortune SG Fund Management were authorized to public offer hedge funds. Regarding sales, with the help of Internet Finance development, many fund companies carried out innovative cooperation with E-business platforms, such as Jingdong, Tencent and Suning. Through cooperation with the Industrial Bank on the "Shopkeeper Wallet", Xingquan Fund became the largest publicly offering fund in Shanghai in terms of scale.

4.1.2.3 Futures companies

In 2014, 9 futures companies in Shanghai were authorized to conduct asset management business; 20 futures companies were authorized to conduct investment consultation; 7 futures companies set up risks management subsidiaries; one futures company was authorized to conduct fund sale business. The numbers of innovative qualifications of Shanghai's future companies were all topping the rankings nationwide. In 2014, assets under management of Shanghai's futures companies grew sevenfold; the revenue of investment consulting business almost tripled. Furthermore, the innovative service, such as warehouse service and basis trading, etc. that conducted by risks management subsidiaries were all advancing actively and steadily.

4.1.3 Internationalization was accelerated

As of the end of 2014, there were 4 joint venture securities companies in Shanghai (accounting for 36% of the total in China); 25 joint venture fund companies (accounting for 52% of the total in China); 69 foreign representative offices (accounting for nearly half in China).

Shanghai securities institutions actively expanded overseas businesses. By the end of 2014, 5 securities companies and 8 fund companies had set up branches in Hong Kong and obtained related business licenses. 5 securities companies' Hong Kong subsidiaries achieved operating income and net profit HKD 5.5 billion and HKD 2.3 billion respectively, up 111.6% and 91.7% respectively. 8 fund companies' Hong Kong subsidiaries had issued 46 funds, with total fiduciary assets amounting to 30 billion yuan. 5 securities companies and 7 fund companies were authorized to conduct RQFII business with the help of Hong Kong subsidiaries. The approved amount and RQFII asset under management reached 41.96 billion yuan and 25.47 billion yuan by the end of 2014. Moreover, Haitong Securities and Guotai Junan Securities entered the financial leasing sector by means of domestic or overseas mergers and acquisitions. Haitong International established a branch in Singapore and purchased Japaninvest Group plc and Banco Espirito Santo, S.A.

Meanwhile, Shanghai securities institutions accelerated the internationalization strategy by actively entering the market of Free Trade Zone and with the help of

Shanghai-Hong Kong Stock Connect Program. As of the end of 2014, securities companies both incorporated in Shanghai and headquartered in other cities had established 8 branches in the Free Trade Zone. Securities companies incorporated in Shanghai and headquartered in other cities conducted Hong Kong Stocks Connect business smoothly and had opened 108 thousand accounts, 6.6% of which had already traded. Total trading volume and position of Hong Kong Stocks Connect business amounted to 3.87 billion yuan and 1.72 billion yuan.

4.1.4 Financing in securities market developed smoothly

By the end of 2014, there existed 206 listed companies in Shanghai, accounting for 7.9% of the total in China and the market value accounted for about 11.6% of the whole country. In 2014, the direct financing of Shanghai listed companies in the domestic capital market was 60.751 billion yuan, with IPO financing 1.962 billion yuan, stock refinancing 40.479 billion yuan and bond financing 18.310 billion yuan. Shanghai's securitization ratio in economy[①] reached 199.7%, nearly three times of the national level, and the proportion of direct financing[②] was 8.2%, about twice the national level. Besides, the listed companies in Shanghai raised 1.411 billion yuan in H share market in 2014.

Table 4-1 Domestic Capital Market Financing of Shanghai's Listed Companies in 2014

Type of financing		Number	Amount (100 million yuan)	Proportion (%)
IPO	Main board	2	3.86	0.64
	SME board	1	4.11	0.68
	GEB	3	11.65	1.92
Stock refinancing		10	404.79	66.63
Bond financing		25	183.10	30.14
Total		41	607.51	100

Sources: CSRC Shanghai Bureau.

① Shanghai's economy securitization ratio=total market value of listed companies in Shanghai/GDP in Shanghai.

② The proportion of direct financing=capital markets financing/(capital markets financing+ newly added credit).

4.2 Soundness assessment of securities institutions in Shanghai

4.2.1 Assets and liabilities of securities institutions

4.2.1.1 The securities companies' total assets scale increased

As of the end of 2014, the total assets of securities companies in Shanghai were 916.84 billion yuan, an increase of 100.55% year-on-year. Net assets were 192.39 billion yuan, an increase of 13.99% year-on-year. Moreover, the total net capital, market capitalization of trusteeship, customer assets and financial assets of securities companies in Shanghai increased significantly from the end of 2013, with an increase of 17.5%, 61.6%, 69.7% and 21.0% respectively.

Table 4–2 Performances of Securities Institutions in Shanghai in 2014 (Unaudited)

Unit: 100 million yuan

Items	2010 (16 companies)	2011 (17 companies)	2012 (20 companies)	2013 (20 companies)	2014 (21 companies)
Total assets	3 967.4	3 271.3	3 884.2	4 571.6	9 168.4
Total liabilities	2 672.8	1 911.4	2 291.7	2 883.8	7 244.5
Net assets	1 294.5	1 359.9	1 592.5	1 687.8	1 923.9
Net capital	1 010.2	995.7	1 139.9	1 233.0	1 449.2
Revenue	341.9	276.7	259.2	307.8	518.3
Net profit	151.6	103.7	82.8	91.9	211.5

Sources: CSRC Shanghai Bureau.

4.2.1.2 Risk control system of securities companies ran well

According to *Guidelines for the Management of Liquidity Risks of Securities Companies* published by Securities Association of China at the beginning of 2014, liquidity coverage ratio and net stable funding ratio of securities companies should reach 80% by December 31, 2014 and 100% by June 30, 2015. As of the end of 2014, average liquidity coverage ratio and net stable funding ratio of securities companies in Shanghai was 188.5% and 118.0% respectively, showing that liquidity risks of securities companies in Shanghai under control as a whole. Moreover, net capital to net assets ratio of securities companies in Shanghai was 75.3% and net capital to the sum of venture capital reserves ratio was 525.0%, both above regulatory requirements (40% and 100% respectively), showing that the capability of net capital to cover the risks remained in a high level.

4.2.2 Analysis of profit-making modes of securities institutions in Shanghai

4.2.2.1 Profit-making level increased obviously

In 2014, benefiting from prosperity of both the stock market and the bond market, securities companies in Shanghai realized leapfrog growth and all achieved profitability. Securities companies in Shanghai achieved operating income of 51.83 billion yuan, up 68.4% year-on-year. The net profit was 21.15 billion yuan, up 130.1% year-on-year. The average ROE was 11.0%, much higher than 5.4% of 2013.

4.2.2.2 Credit business developed rapidly

In 2014, scale of securities margin trading of securities companies in Shanghai amounted to 229.5 billion yuan, an increase of 189.2% from the amount as of the end of 2013. The interest expense[①] amounted to 9.85 billion yuan, an increase of 147.5% year-on-year, with the revenue proportion increased by 6.1 percentage point from that of 2013. The amount to be bought back of pledge-style repos for stocks reached 77.71 billion yuan, increasing by 3 times from that of 2013 and interest revenue reached 2.23 billion yuan, an increase of 4 times year-on-year. The scale of buy-back securities trading declined. The amount to be bought back amounted to 2.88 billion yuan, down 59.7% from that of 2013 and the interest revenue amounted to 430 million yuan, up 189.2% year-on-year.

4.2.2.3 Asset management business expanded rapidly

In 2014, securities companies in Shanghai achieved asset management revenue of 2.95 billion yuan, an increase of 72.4% year-on-year. Custody assets amounted to 2.1 trillion yuan, an increase of 89.0% from the amount as of the end of 2013. Asset

① Since 2014 China Securities Regulatory Commission(CSRC) divided "net interest revenue" in income statements of securities companies into two categories of "interest revenue" and "interest expense". Therefore, "interest revenue", instead of "net interest revenue", of securities margin trading amounted to 9.85 billion yuan in 2014.

management business was still dominated by channel offering business with the size of directional asset management accounted for 93.0% of the scale of asset management business. In terms of revenue proportion structure, asset management accounted for 5.7% of the total operating revenue, increasing by 0.2 percentage point from that of the previous year.

Table 4–3 Profit Structure of Securities Companies in Shanghai

Unit: 100 million yuan

Items	2013	Proportion	2014	Proportion
Revenue	307.8	100.0%	518.3	100.0%
Revenue of brokerage	148.9	48.4%	207.5	40.0%
Revenue of securities underwriting	29.1	9.5%	47.7	9.2%
Revenue of asset management	17.1	5.5%	29.5	5.7%
Revenue of proprietary trading	57.4	18.7%	166.7	32.2%
Revenue of securities margin trading	39.8	12.9%	98.5	19.0%
Net profit	91.9	—	211.5	—
Long-term equity investment	307.1	—	426.5	—
Average commission rate	0.56‰	—	0.53‰	—

Sources: CSRC Shanghai Bureau.

4.3 Concerns in the development of the securities sector in Shanghai

4.3.1 Pay attention to transmission and exposure of external risks

On the one hand, with more downward pressure on the real economy and increasing difficulties in production and operation for enterprises, risks in the areas such as industries with overcapacity, local government debts, shadow banking, real estate sector gradually emerged, putting more pressure on outbreak of risks in the financial sector. On the other hand, securities companies were transforming to versatile investment banks, with stronger inter-business permeation, more frequent cooperation among the securities sector and other financial sectors and closer linkage between the fictitious economy and the real economy, inducing higher probability of breaking rigid payment. Outbreak of risks in certain area or certain black swan event may cause the butterfly effect, causing risks to permeate and transmit outwards.

4.3.2 Pay attention to increasing internal risk exposure and leverage

In recent years, changes have taken place in three aspects of business structure and risk profile of securities companies. First, from on-balance sheet to off-balance sheet, certain off-balance sheet businesses implied certain on-balance sheet businesses, with marginal risks increasing. Second, from exchange-traded to over-the-counter, business processes, flow of funds and account management were becoming complicated, causing decreasing transparency. Third, from low leverage to high leverage, it included both asset leverage of the companies themselves and leverage provided for customers. As a whole, business structures have significantly shifted from the former homogenous mode. Businesses became crossing, complicated, leveraged and programmed, leading to higher potential risks. During this round of innovation and development, securities companies developed capital-consuming businesses fastest and significantly accelerated leveraging. The leverage ratio of securities companies in Shanghai increased from 2 times as of the beginning of 2014 to 3.4 times as of the end of the year.

4.3.3 Pay attention to compliance and risk control of innovative businesses

With innovative development and deepening transformation reform of the securities sector, securities companies provided more sophisticated integrated financial services. On the one hand, the Internet shocked the securities sector to some extent. Securities companies started role conversion from "The One Being Spoiled" to "The One to Adapt", by means of cross-sector cooperation with Internet giants or reverse permeation into Internet finance. Both upgrade and replacement of IT systems and reshaping of offline business to "Touch the Internet" were involved with renovation of traditional business processes and operation models. On the other hand, along with "New Normal" reflected byrelease of institutional bonus, accelerated transition of supervisory regime and speeding up of opening up, new philosophy, businesses and products were enriched while organization, businesses and product models of the sector became more complicated. Such new changes would pose new challenges to compliance and risk control. Compared to continuous deepening of innovation and transformation, securities companies currently still had problems in compliance and risk control mechanisms such as insufficient system support, inadequate staffing and lack of discourse right and had a lot of doubtful point, difficult point and blind spots to be solved, therefore the level and capacity of compliance and risk control remained to be further improved.

Part V
Insurance Sector

In 2014, Shanghai's insurance sector adhered to he principle of making progress while maintaining stability, and supported the construction of the Shanghai FTZ with deepening the reform and opening up as an opportunity. Meanwhile, it promoted the construction of Shanghai international financial center with the scheme for implement strategy of Shanghai international insurance center as the goal. Efforts were made to promote the economic efficiency, transformation and upgrading with innovation driving as the key. In addition, comprehensive management of society and people's livelihood guarantee were promoted with serving for megalopolis management as the guidance. In 2014, each work of Shanghai's insurance sector went well and achieved remarkable results, as its demonstrative leading role in the country enhanced obviously, and international influence appeared more noticeable.

5.1 Development and Performance of Insurance Sector in Shanghai

5.1.1 The number of market participants increased greatly and insurance companies clustered

By the end of 2014, there had been 50 corporate insurance companies in

Shanghai, an increase of 1 over end-2013, including 1 insurance group company, 18 property insurance companies, 22 life insurance companies, 3 reinsurance companies and 6 insurance asset management companies. There were 88 provincial insurance branches, an increase of 13 over end-2013, including 45 property insurance branches, 41 life insurance branches and 2 reinsurance branches. By the end of 2014, there were 213 corporate professional insurance intermediary institutions in Shanghai, including 106 insurance agencies, 63 insurance brokerage institutions and 44 insurance assessment institutions. There were 150 branches of professional insurance intermediary institutions, including 75 branches of insurance agency institutions, 50 branches of insurance brokerage institutions and 25 branches of insurance assessment institutions.

In particular, among the 186 insurance companies in the country, there were 109 companies settled in Shanghai. Insurance companies in Shanghai accounted for 59 percent of the national total. The number of insurance institutions incorporated in Shanghai ranked the second in the country, accounting for about one-third of the national total. There were 27 foreign insurance companies, accounting for about half of the national total. There were 63 functional institutions such as shipping insurance center, funds centers, data centers, and telephone and network sales centers and so on. The diversity of institutions, the degree of marketization and the opening level of Shanghai insurance market was premier in the country.

5.1.2 Assets scale increased steadily, and insurance funds provided strong support for the people's livelihood project

By the end of 2014, the total assets of Shanghai's insurance sector (including corporate companies) reached 1 996.621 billion yuan, accounting for 20% of the nation total. Six insurance asset management companies in Shanghai managed assets of more than 3 trillion yuan, accounting for nearly half of the national total. Entrusted enterprise annuity assets of three endowment insurance companies in Shanghai reached 161 billion yuan, accounting for 55% of the national total. In 2014, the scale of insurance funds investment on major infrastructure and real estate debt projects of Shanghai was over 100 billion yuan, ranked the first in the nation. At the same time, it also tried to use the insurance funds to support the people's livelihood projects such as the old district reconstruction, construction of low-income housing, transportation and medical and pension services in the country by a variety of ways.

5.1.3 Premium income grew steadily

By the end of 2014, the original premium income in Shanghai's insurance totaled 98.675 billion yuan, an increase of 20.13% year-on-year. In particular, original premium incomes of property insurance companies were 34.317 billion yuan, rising by 12.58% year-on-year, while original premium incomes of life insurance companies were 64.358 billion yuan, rising by 24.58% year-on-year. The proportion of original premium income of property insurance companies to life insurance companies was 35:65. The proportion of original premium income of domestic insurance companies to foreign insurance companies was 85:15.

Table 5–1 Premium Income, Insurance Density and Penetration in Shanghai

Year	Premium income (100 million yuan)	Percentage of the national total(%)	Insurance density (yuan/person)	Insurance penetration(%)
2005	333.62	6.8	2 452	3.66
2006	407.04	7.2	2 992	3.96
2007	482.64	6.9	3 528	4.02
2008	600.06	6.1	4 352	4.55
2009	665.03	6.0	4 821	4.46
2010	883.86	6.1	6 310	5.20
2011	753.11	5.3	3 208	3.92
2012	820.64	5.3	3 496	4.08
2013	821.43	4.8	3 451	3.80
2014	986.75	4.9	4 068	4.19

Sources: Data from 2005 to 2006 are from *Yearbook of Shanghai Insurance*, Date from 2007 to 2012 are from PBC Shanghai Head Office. Premium income from 2005 to 2010 are applicable to old accounting standard; that of 2011 to 2014 are applicable to new accounting standards.

5.1.4 Claim payment especially life insurance increased greatly

By the end of 2014, claim payment in Shanghai's insurance sector totaled 37.866 billion yuan, a rise of 25.40% year-on-year. In particular, claim payment of property insurance reached 17.724 billion yuan, a rise of 9.18% year-on-year. Claim payment of life insurance reached 15.841 billion yuan, a rise of 53.55% year-on-year. Claim payment of health insurance reached 3.751 billion yuan, a rise of 17.89% year-on-year. Claim payment of accident insurance reached 0.550 billion yuan, a rise of 18.8% year-on-year.

Table 5-2 Claim Payments and Benefit Payments by Insurance Types

Unit: 100 million yuan

Year	Property Insurance	Growth rate (%)	Life Insurance	Growth rate(%)	Health Insurance	Growth rate(%)	Accident Insurance	Growth rate (%)
2009	78.50	-1.27	76.27	-14.34	19.46	45.73	2.51	14.57
2010	84.26	7.33	81.23	6.50	26.00	33.65	3.05	21.52
2011	104.32	23.81	92.08	41.01	60.68	186.89	3.63	18.99
2012	138.63	32.88	87.99	-4.44	25.14	-58.58	4.04	11.29
2013	162.33	17.10	103.17	17.25	31.82	26.58	4.63	14.77
2014	177.24	9.18	158.41	53.55	37.51	17.89	5.50	18.80

Sources: CIRC Shanghai Bureau. Payment data from 2009 to 2010 are applicable to old accounting standards; that of 2011 to 2014 are applicable to new accounting standards.

5.1.5 Advancing steadily the reform of Shanghai's insurance sector

In 2014, the reform of Shanghai's insurance sector advanced steadily. Firstly, powerful insurance market system of FTA was constructed, and innovation of insurance market participants was encouraged. Professional insurance companies such as CPIC Allianz Health Insurance Company, functional insurance institutions as shipping center, and mixed ownership insurance companies as Shanghai Life Insurance Company were established. Focusing on the driving of institutional advantage of reform in FTA to the outside areas, FTA offshore insurance business started smoothly. Secondly, construction of market infrastructure and environment was strengthened, and with the shipping insurance as the focus, insurance business and model innovation were promoted. The premium income of Shanghai shipping insurance and cargo insurance accounting for 43.56% and 16.96% of the national total respectively, totaled 4.019 billion yuan, which accounted 26.7% of the national total, more than total of Hong Kong and Singapore shipping and cargo insurance premium income, and accounted for 18.35% of the British Lloyd's market's shipping and cargo insurance premium income. Thirdly, the upgrading of local economic transformation was promoted. The project of "guarantee insurance of small and medium-sized technology-based enterprises' short-term loans" was launched creatively, providing nearly 4 billion yuan of loans to nearly 500 companies. The scale of credit increased exponentially year by year, and promoted obviously the growth of small and micro technology enterprises. Fourthly, security function of urban agriculture insurance was played creatively. The vegetable weather index insurance was created firstly in the country, and hog price index insurance was launched creatively. The risk security provided by agricultural insurance to Shanghai's crop farming and breeding industry accounted for more than 50% of total agricultural output value for the first time, and the coverage rate of bulk agricultural commodities closely related to people's livelihood reached 100%. Annual claim payments totaled 0.267 billion yuan, benefiting more than 2 thousand households of farmers. Fifthly, creative use of insurance mechanism enhanced the overall service ability, and improved the social security function of insurance. The relevant departments jointly formed the serious illness insurance mechanism with Shanghai's characteristics of "whole city planning, financial backing, compensation according to disease, community oriented referral", solving outstandingly the problem of heavy burden to serious disease patient. By the end of 2014, serious illness insurance had covered the whole Shanghai, and provided serious illness security for nearly 4 million people. Sixthly, liability insurance guaranteed powerfully for city public safety. By the end of 2014, the liability insurance provided 4.66 trillion yuan of risk protection. In particular, it provided 2.535 billion yuan of risk protection in terms of food safety and provided 5.038 billion yuan of risk protection in environmental pollution. Community comprehensive insurance, school liability insurance, pension institutions liability insurance achieved full coverage in Shanghai, and the floating premium encouraged safe driving behavior.

5.2 Soundness operation of insurance companies incorporated in Shanghai

5.2.1 Overall strength strengthened greatly and profitability increased significantly

By the end of 2014, the total asset of insurance companies incorporated in Shanghai[①] reached 759.073 billion yuan, an increase of 42.41% year-on-year. In particular, the total assets of property insurance companies were 127.779 billion yuan, an increase of 50.68% year-on-year. The total assets of life insurance companies[②] were

① The data cover the nationwide branches of 37 insurance companies and 6 insurance asset management companies incorporated in Shanghai. The data exclude Eastern Life Insurance Co.,Ltd.(suspended business operations for rectification since 2004) and 3 reinsurance companies. Because the 2014 year report of China Pacific Insurance (Group) Co.,Ltd. was not issued, the data of CPIC, CPIC Property Insurance Company, CPIC Life Insurance Company and Pacific Asset Management Company were not included, and hereinafter.

② Life insurance companies, pension insurance companies and health insurance companies are included, an hereinafter.

622.212 billion yuan, an increase of 41.01% year-on-year. The total assets of insurance asset management companies were 9.082 billion yuan, an increase of 30.78% year-on-year (Figure 5–1).

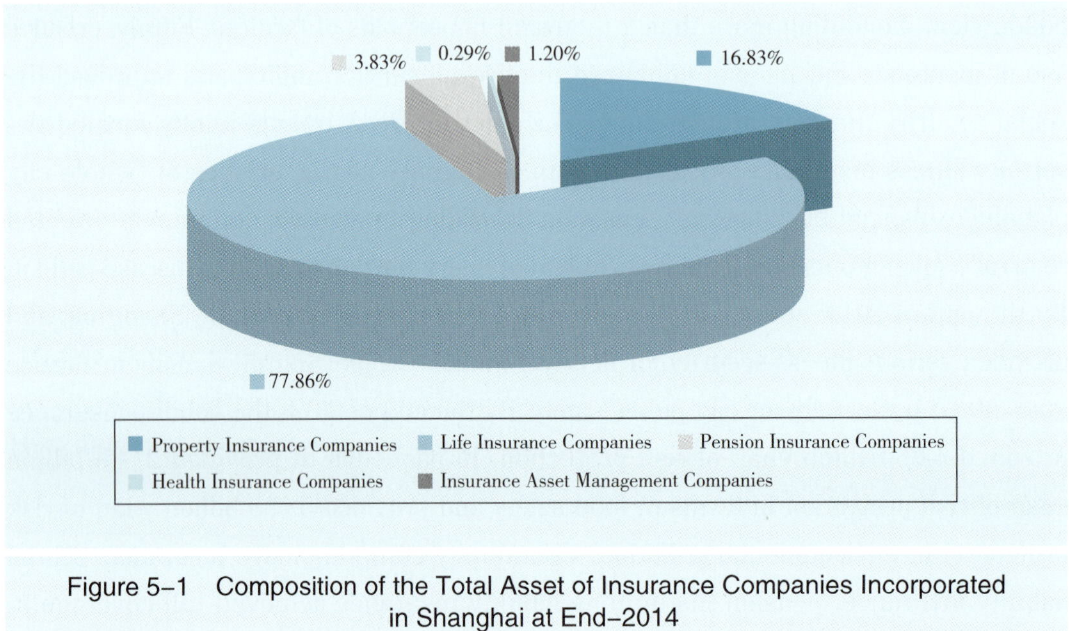

Figure 5–1 Composition of the Total Asset of Insurance Companies Incorporated in Shanghai at End–2014

In 2014, the net profit of insurance companies incorporated in Shanghai was 10.157 billion yuan, rising obviously 174.62% year-on-year. In particular, the net profit of property insurance companies was 1.877 billion yuan, rising 221.50% year-on-year. The net profit of life insurance companies was 6.561 billion yuan, rising 242.07% year-on-year. The net profit of insurance asset management companies was 1.718 billion yuan, rising 43.62% year-on-year.

Among the property insurance companies, there were 6 companies had different degrees of loss, increased by 1 compared with 2013. In 2014, Alltrust Property Insurance Company and Zhongan Insurance Company turned from deficits to profit, Sun Alliance Insurance (China) Company, XL Insurance (China) Company and Chartis Insurance (China) Company appeared different degree of loss, Starr Insurance (China) Company, Cathay Insurance Company and Chubb Insurance (China) Company continued to have loss. Among the life insurance companies, there were 6 companies turned from deficits to profit such as Guohua Life Insurance Company, Cathay Life Insurance Company, Aegon-Cnooc Life Insurance Company, HSBC Life Insurance Company, Allianz China Life Insurance Company and Changjiang pension Insurance Company, and the number of loss companies declined to 6.

5.2.2 Premium income increased steadily, business construction optimized remarkably

By the end of 2014, the premium income of insurance companies incorporated in Shanghai reached 200.981 billon yuan, an increase of 27.52% year-on-year. In particular, premium income of property insurance companies was 59.177 billion yuan, an increase of 12.23% year-on-year, while premium income of life insurance companies was 141.805 billion yuan, an increase of 35.20% year-on-year.

From the point of view of property insurance companies, by the end of 2014, premium income of auto insurance of property insurance companies incorporated in Shanghai reached 43.130 billion yuan, increased by 11.74% year-on-year, accounting for 72.88% of premium income of property insurance companies, dropped 0.32 percentage compared to 2013. Premium income of accident insurance reached 2.621 billion yuan, increased by 15.33% year-on-year, proportion to business income of property insurance companies dropped 0.12 percentage compared to 2013(Figure 5-2).

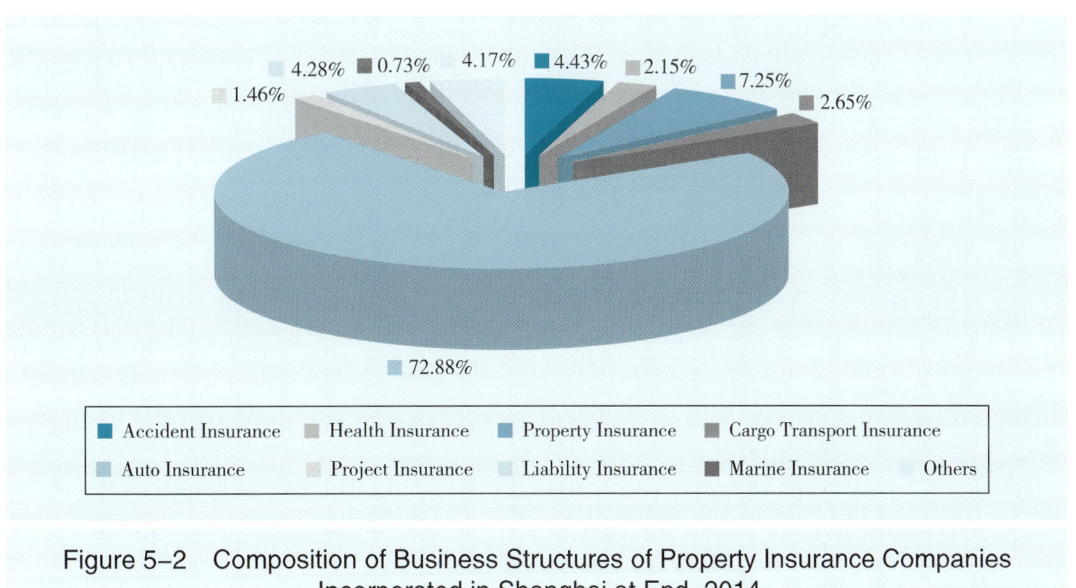

Figure 5-2 Composition of Business Structures of Property Insurance Companies Incorporated in Shanghai at End-2014

From the point of view of life insurance companies, by the end of 2014, premium income of general life insurance with risk aversion function of life insurance companies incorporated in Shanghai reached 44.987 billion yuan, increased 393.66% year-on-year remarkably, the proportion of life insurance premiums also rose from 8.69% in 2013 to 31.72%; premium income of health insurance reached 17.585 billion yuan, increased 39.02% year-on-year, the proportion of life insurance premiums also rose from 12.06%

in 2013 to 12.40%; premium income of accident insurance reached 66.95 billion yuan, increased 17.12% year-on-year. The security function of insurance industry was enhanced further. At the same time, premium income of participating life insurance was only 72.432 billion yuan, decreased 6.31% year-on-year, the proportion of life insurance premiums also dropped from 73.71% in 2013 to 51.08% (Figure 5-3).

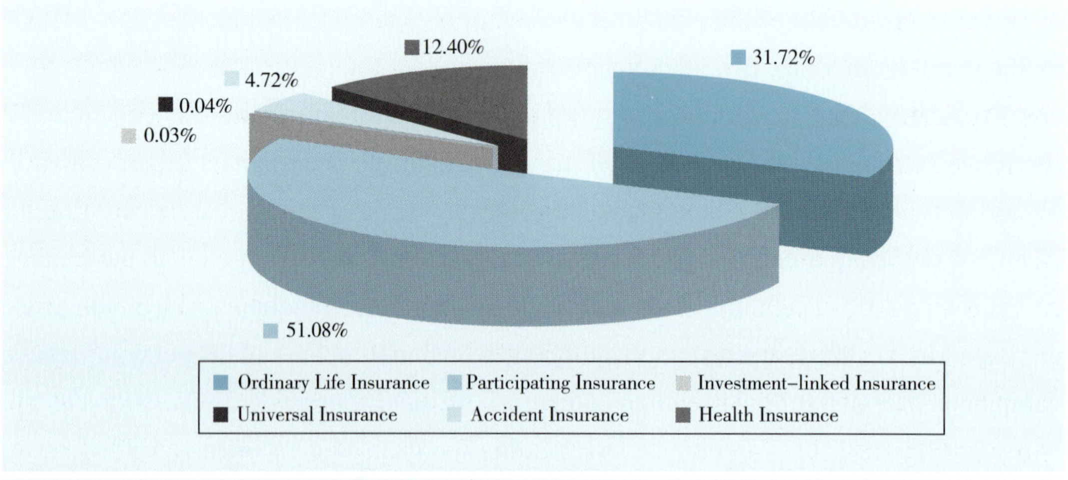

Figure 5-3 Composition of Business Structures of Life Insurance Companies Incorporated in Shanghai at End-2014

5.2.3 The solvency adequacy ratio was generally in good shape, and the overall risks were controllable

By the end of 2014, according to the *Administrative Provisions on the Solvency of Insurance Companies* issued by CIRC, 36 insurance companies incorporated in Shanghai① had performed well in terms of solvency adequacy ratio. All the insurance companies were classified as adequate Ⅱ whose solvency adequacy ratios were above 150%. The overall risks of the insurance companies incorporated in Shanghai were controllable, and there was on systemic or regional risk.

① The data included 17 property insurance companies (excluded CPIC Property Company), 15 life insurance companies (excluded CPIC Life Company and Eastern Life Insurance Company), 2 pension insurance companies (the requirement of solvency disclosure is not applicable to Changjiang Pension Insurance Co., Ltd. whose business were trust enterprise annuity management business and pension security entrusted management business) and 2 health insurance companies.

5.2.4 The balance of utilized insurance funds increased steadily, return on investment grew significantly

By the end of 2014, the balance of funds utilized by the insurance companies incorporated in Shanghai had reached 670.324 billion yuan, rising 39.51% year-on-year. The return on investment was 34.887 billion yuan, rising 68.86% year-on-year. The rate of return on investment was 5.20%, up 0.74 percentage point over 2013.

By the end of 2014, the proportion of insurance funds investment in bonds and bank deposits reduced markedly, while the proportion of the investment in shares and other items increased significantly, the proportion of investment in the securities investment fund, infrastructure investment, equity and real estate ascended (Table 5-3). With the sharp rise in the stock market since the third quarter of 2014 and the gradual liberalization of investment channels of insurance funds, the investment of insurance funds in stocks, other items and infrastructure increased 3.30, 7.73 and 0.66 percentage point respectively compared with 2013. The proportion of equity investment from insurance companies incorporated in Shanghai increased substantially 0.73 percentage point over 2013 and was mainly to companies highly-related to insurance companies (Table 5-4).

Table 5-3 Utilization of Insurance Funds by Insurance Companies Incorporated in Shanghai by the End of 2014

Investment item	End-2014 (100 million yuan)	Percentage (%)	End-2013 (100 million yuan)	Percentage (%)
Bond investment	3 024.36	45.12	2 537.45	52.81
Bank deposit	1 268.55	18.96	1 189.11	24.75
Stock investment	449.65	6.71	163.98	3.41
Securities investment fund	298.75	4.57	172.87	3.60
Infrastructure investment	255.39	3.81	151.25	3.15
Real estate investment	129.67	1.93	88.62	1.84
Equity investment	115.04	1.72	47.51	0.99
Other investment	1 151.78	17.18	454.20	9.45
Total	6 693.20	100.00	4 804.99	100.00

Sources: People's Bank of China Shanghai Head Office.

Table 5-4 Equity Investment by Insurance Companies Incorporated in Shanghai between 2013 and 2014

Date	Insurance Company's Name	Investment Company's Name	Amount of Investment (million yuan)
Mar.2013	Alltrust Property Insurnace Co.,Ltd.	Yongxin Insurance Sales & Service Co.,Ltd.	51
Mar.2013	Guohua Life Insurance Co.,Ltd.	Huarui Insurance Sales Co.,Ltd.	50
May.2013	Pacific Life Insurance Co.,Ltd.	Tianjin Longrong Estate Co.,Ltd.	414
Jun.2013	Pacific Life Insurance Co.,Ltd.	Joint Petroleum Pipeline Co.,Ltd.	1 500
Jul.2013	Taiping Life Insurance Co.,Ltd.	Taiping Estate Co.,Ltd. (Suzhou)	144.62
Aug.2013	Pacific Life Insurance Co.,Ltd.	SF Express (Group) Co.,Ltd.	440
Sep.2013	Pacific Proerty &Casualty Insurance Co.,Ltd.	SF holding (Group) Co.,Ltd.	110
Oct.2013	Huatai Proerty &Casualty Insurance Co.,Ltd.	Huatai Shibo Estate Co.,Ltd.	100
Nov.2013	AXA Tianping P&C Insurance Co., Ltd.	AXA Tianping Insurance Sales Co.,Ltd.	50
Dec.2013	Taiping Life Insurance Co.,Ltd.	Jinghuitong Estate Co.,Ltd.	1 598.27
Dec.2013	Taiping Life Insurance Co.,Ltd.	Taiping Estate Co.,Ltd. (Nanning)	120
Jan.2014	Continent Insurance Co.,Ltd.	China Reinsurance Asset Management Co.,Ltd.	50
Jun.2014	Taiping Pension Insurance	Nanning Jintong Microfinance Co.,Ltd.	20
Jul.2014	Taiping Life Insurance Co.,Ltd.	Taiping & Sinopec Financial Leasing Co.,Ltd.	2 500
Jul.2014	Continent Insurance Co.,Ltd.	CRAMC initiated the establishment of an internal alternative investments (private equity fund) product Phase I	35.5767
Sep.2014	Tianan Insurance Co.,Ltd.	Shanghai Xintai Tianan Estate Co.,Ltd.	1 525

Sources: People's Bank of China Shanghai Head Office.

5.3 Issues of concern in the development of Shanghai's insurance industry

5.3.1 Attention should be paid to risk of funds utilization

With the rise in the stock market since the third quarter of 2014, the proportion of equity investment was enhanced. By the end of 2014, the balance of the investment in stocks and securities investment funds by insurance companies incorporated in Shanghai was 74.84 billion yuan, the proportion of which accounting for 11.28%, up 4.27 percentage point over 2013. Equity investment and alternative investment pulled the rate of return on insurance funds, and the return of funds utilization and the rate of return on investment arrived at the highest level in the past five years. At present, the downward pressure of the economy was increasing, and the credit risk increased, meanwhile the risk of low-grade credit bonds and some alternative investments significantly increased. According to the *Opinions of the State Council on Strengthening Local Government Debt Management*, some local debt financing platform would not be identified as government debt when the local government examined and distinguished the government debt, so the risk increased. Recently, with the volatility of the prices of international commodities and Chinese capital market advanced, the insurance investment faced some challenges and the risk of funds utilization also increased.

Box 5 Risk analysis of the investment in usufruct of creditor's rights from financing and securities lending by Shanghai insurance asset management companies

By the end of 2014, there were six insurance asset management companies incorporated in Shanghai, three of which carried out the investment in usufruct of creditor's rights from financing and stock lending (hereinafter referred to as "usufruct of financing and stock lending").

1. The current situation of the investment in usufruct of financing and stock lending of insurance asset management products

By the end of 2014, the balance of the investment in usufruct of financing and stock lending of Shanghai insurance asset management companies was 25.945 billion yuan (Table 1).

Table 1 Summary of the investment in usufruct of financing and stock lending of insurance asset management products in Shanghai

Name of the company	Scale of the product (billion yuan)	Name of the product	Balance (billion yuan)	Term	Actual rate of return
Huatai Asset Management Co.,Ltd.	18.93	Huatai Asset-usufruct of creditor's rights asset management product No.1	16.115	304.89 days	6.35%
PICC Asset Management Co.,Ltd.	8.73	PICC-usufruct of creditor's rights products No.1、2、3、5、6、7、8、9、10、11、14、15、16、17、18	8.73	6 months-3 years	5.9%~6.45%
Minsheng Tonghui Asset Management Co.,Ltd.	1.1	Minsheng Tonghui-financing and stock lending products No.1、2、3	1.1	3months、1year、2years	5.6%~6.3%

2. The risk of insurance asset management products of the investment in the usufruct of financing and securities lending was under control overall

2.1 The products had been put on record in CIRC before issuing and were supervised strictly

Before carrying out the products of the investment in the usufruct of financing and securities lending, the insurance asset management companies must put on record in CIRC, and started the business upon approval. CIRC circulated the list of the securities traders, which were all large scale and had good ability to control the risk, could be cooperated with to the insurance asset management companies. Insurance asset management companies chose the securities traders to cooperate with on the list.

2.2 Repurchase of usufruct was the save clause of securities companies. It was an important measure to choose securities companies prudently to cooperate with to control the risk

As to the structure of the products, the substance of the business was that the insurance asset management companies loaned to the securities companies and provided funds for the securities companies to unfold the securities margin financing business. The insurance asset management companies were the lender, so the first source of repayment was the earnings that securities companies got from the customers of the margin business. But in fact, securities companies promised to repurchase to pay the principal and income of the insurance products at the maturity. So the repurchase by the securities companies was the second source of the repayment for the business. It was the uppermost measure to control the risk for the usufruct of financing and securities lending of insurance asset management products to choose a securities company with good ability for risk control as opponents, which could ensure a reliable second source of repayment.

Insurance asset management companies generally thought that the investment account would be closed out by forced by the securities companies when deficit rose to a certain extent and it was less likely for the securities companies to lose the principal. Meanwhile, all the opponents that the insurance asset management companies chose were securities companies with good ability for risk control, so the investment in the usufruct of financing and securities lending was relatively safe.

3. Existed risks and suggestions

3.1 Creditor's rights from financing and securities lending were not transferable, insurance asset management companies could not implement breach *penetrate recovery*

When the insurance asset management products were invested in the usufruct of financing and stock lending, the creditor's rights from the pledged stocks could not be transferred, that was to say that customer's pledged stocks could not be transferred and pledged to insurance asset management products. In the duration of the products, the stocks remained in the balance sheet of securities companies, so the securities companies were still responsible for loaning, early warning and liquidation. If the securities companies didn't perform the repurchase obligations, the insurance asset management companies could not implement breach penetrate recovery to the customers related to the portfolios.

So the main risk for the insurance asset management products of investing in the usufruct of financing and securities lending was the credit risk from the securities companies'. Recently, the scales of securities companies' margin business expanded quickly and leverage increased significantly. Some securities companies had salient problems in borrowing short-term loans and lending long-term loans, and faced liquidity risks. Also, individual clients hold a stock with a high proportion, which led to credit risks. So the insurance asset management companies should be prudential when investing in the usufruct of financing and securities lending. They need to choose counterparty strictly and improve the ability of judging and managing risks.

3.2 The stocks in the portfolios were determined and informed by the securities companies, and there was no credible third-party channel for inquriy

According to requirements of the CIRC, the total asset provided by the securities companies in the portfolios were not allowed to be lower than 130% of the repurchase price when the insurance asset management companies invested in the usufruct of financing and securities lending. The stocks in the portfolios could be replaced. The insurance asset management companies usually required the securities companies to update the list of the assets every week. The insurance asset management companies distinguished by some standards such as the proportion of one stock, the market value of the stock and so on. They had the right to require the securities companies to exchange the portfolios that didn't meet the compliance requirements of their company.

But some insurance asset management companies worried about the truth of the portfolios and whether the stocks in the portfolios were pledged repeatedly. There was no credible third-party channel to inquire and confirm the relevant information. If the insurance asset management companies wanted to confirm the message of the stocks in the portfolios, they needed to inquire the information through the system of their cooperated counterparty in accordance with the contract, or inquire the overall pledge of a stock through the China Securities Depository and Clearing Corporation, but the portfolios of a single insurance product could not correspond with the information of a stock. In this situation there were great potential risks. That was why some of the insurance asset companies didn't issue this kind of products.

With the further development of the transfer of the usufruct of financing andsecurities lending, we need to improve the stock pledge registration and inquiry system. Besides, the investors should be allowed to inquire specific asset information corresponding to their claims through some convenient channels, which guaranteed that the usufruct of creditor's rights was true and reliable as the source of repayment from the related asset management products.

5.3.2 Attention should be paid to cash flow pressure of life insurance companies

In 2014, benefit payment in Shanghai's insurance sector totaled 15.841 billion yuan, up 53.55% year-on-year, the most of which was the mature payment. The surrender value of life insurance companies incorporated in Shanghai totaled 18.214 billion yuan, a rise of 81.41% year-on-year. The surrender value of ordinary life insurance totaled 2.115 billion yuan, a sharp rise of 184.78%. The important reason for the high surrender rate was that the life insurance companies sold a large number of high-cash-value products, which were long-term insurance products nominally but short-term insurance products in fact and caused an incentive to surrender in the medium-short term, resulting in a strategic surrender for the policyholders. Because the most of the surrender could be expected and measured, life insurance companies hedged the surrender by selling new products, and the surrender risks were overall controlled. But the mature payment and surrender ascended quickly, leading to a net operating cash inflow decreased, which increased the liquidity pressures of life insurance companies. The mature payment would be paid intensively in 2015. Many insurance companies would face more pressures of mature payment because the participating insurance sold in previous years would expire in succession. In addition, there would be high surrender rate on some short-term high-cash-value insurance products, so the life insurance companies would face more and more pressure of operating cash flow in the future.

5.3.3 Attention should be paid to the continuous growth of complaints about the life insurance company

In 2014, the Shanghai Insurance Regulatory Bureau received a cumulative total of 2 053 complaints, increased 85 compared with 2013, in which there were 921 valid complaints, increased 13 compared with 2013. In 2014, Shanghai's insurance sector strengthened renovation work to the insurance intermediary market. As a result, the complaints about the insurance intermediary companies decreased obviously, and the complaints about the property insurance companies fell by 13.48%. But the complaints about the life insurance companies enhanced significantly. There were 1 837 complaints about the life insurance companies in total in 2014, a rise of 145 over 2013, in which there were 745 valid complaints, a rise of 30 over 2013. In the context of national comprehensively deepen reform and the new ten policies, life insurance industry lagged in capacity building, which existed some deficiencies such as small reserves of talents, lack of basic data, low policies understanding, overstaffing in organizations, backward management methods, unsubstantial internal control and so on. Compared with consumer's demand, there was a large gap. The life insurance industry needed further improve their service capabilities.

5.3.4 Attention should be paid to the rise of individual property insurance companies' combined cost ratio

In 2014, the combined cost ratio of property insurance companies incorporated in Shanghai decreased overall compared with 2013. In particular, the combined cost ratio of four property insurance companies increased, one unchanged, the rest fell compared with 2013. The individual property insurance companies' combined cost ratio rose significantly, for instance, the combined cost ratio of XL Insurance Co., Ltd. and Sun Alliance Insurance Ltd. were 257.54% and 142% respectively, increased 172 and 32 percentage point respectively over 2013, which should be focused on.

Part Ⅵ
Financial Infrastructure Construction

In 2014, taking advantage of the building of Shanghai into an international financial center and the Shanghai FTZ project, the PBC Shanghai Head Office continued to push ahead with financial infrastructure construction. Efforts were made to strengthen payment and settlement infrastructure building, innovate the payment and settlement services in the Shanghai FTZ, and promote the popularization and administration of non-cash payment instruments. Work was done to give full play to the role of the credit information system and improve its services, to incorporate micro, small and quasi financial institutions into the financial credit information database, and to promote the sound development of the ratings market. In line with risk-based principles, adjustments were made to the anti-money laundering (AML) supervision model, and innovative AML supervision measures were taken in the Shanghai FTZ.

6.1 Steadily advancing payment system construction

6.1.1 Payment and settlement infrastructure construction

In 2014, the PBC Shanghai Head Office successfully organized the participants in Shanghai to conduct the online switching operation of the second generation payment system. All the corporate participants in the payment system successfully switched into the message format of the second generation payment system in three batches. With the Accounting Data Centralized System (ACS) successfully put into operation at the

PBC Shanghai Head Office, the efficiency of central bank accounting was improved substantially. Besides, to ensure the steady operation of the system and successful conduction of the business, the PBC Shanghai Head Office completed two batches of launch of the Integrated Front End Subsystem of the ACS in Shanghai, and guided the online institutions to conduct the business correctly by the Integrated Front End Subsystem of the ACS.

The payment and settlement system operated stably. In 2014, the High Value Payment System (HVPS) in Shanghai processed 81.6692 million transactions, a total of 603.93 trillion yuan, rising 17.49% and 17.19% respectively year-on-year. The Retail Payment System (RPS) processed 250.6594 million transactions in 2014, a total of 4.79 trillion yuan, rising 18.57% and 28.52% respectively year-on-year. In 2014, the National Cheque Image System processed 359.6 thousand transactions, a total of 30.218 billion yuan, dropping 7.18% and 5.50% respectively year-on-year. In 2014, the Local Clearing System processed 58.006 million, a total of 24.84 trillion yuan, rising 4.02% and 18.09% respectively year-on-year.

6.1.2 Payment and settlement business innovation in the Shanghai FTZ

6.1.2.1 Providing support for cross-border RMB payment business

In 2014, the PBC Shanghai Head Office formulated the *Implementation Opinions on the Conduct of Cross-border RMB Payment Business by Payment Institutions in Shanghai* (hereinafter referred as the *Implementation Opinions*), which was the first set of detailed rules issued to provide financial support for the Shanghai FTZ project. The *Implementation Opinions* adhered to the regulatory principle of attaching equal importance to innovation promotion and risk prevention. It laid down for the first time that, on the premise of controllable risks, measures should be taken such as a negative list approach of management, ex post record-keeping, and the exemption of payment institutions in Shanghai from setting up a physical presence in the Shanghai FTZ. It also required that payment institutions establish and implement strictly the regulations regarding the real-name system, customer risk ratings management, risk provisions, trading indemnity, trading and information security management, etc., in a move to make them better motivated to pursue innovation and development in the course of regulated and stable operation. By the end of 2014, there were 8 payment institutions in Shanghai that had applied for cross-border RMB payment business; altogether 6 payment institutions signed cooperation agreements with 9 domestic businesses and 208 overseas businesses, reaching a total of 73.9 thousand transactions worth 1.258 billion yuan in cross-border RMB payment.

6.1.2.2 Launching RMB free trade account administration reform

In 2014, under the guidance of the PBC Shanghai Head Office, the banking financial institutions in Shanghai set up the "green channel" for free trade account (FTA) business and assigned staff responsible for the review and management of the opening, alteration and cancellation of FTA. Therefore, the business processing time was saved and the service quality was improved. Effective date regulation was suspended for corporate depositors that open the FTA, in other words, the receipts and payments business could be conducted since the opening date of the account, and the depositors' efficient and convenient service demand for the FTA was satisfied. Meanwhile, the PBC Shanghai Head Office guided the banking financial institutions to abide by the three principles for conducting business, assessed the risk features of depositors in a reasonable and prudential way. With multiple practical management approaches and efficient technical methods, the PBC Shanghai Head Office adopted relevant customers' identity identification measures to the depositors with different characteristics. Accordingly, the PBC Shanghai Head Office offered strong backing to the account opening business of international board members of Shanghai Gold Exchange.

6.1.2.3 Improving and upgrading payment and settlement infrastructure in the Shanghai FTZ

To improve the clearing efficiency and establish payment and settlement platform for different free trade business financial services, the PBC Shanghai Head Office organized relevant work on the FTZ business of Shanghai Payment and Settlement Comprehensive Business System, such as the business procedure design, business requirement editing, drafting of interface program, formulation of system management regulation, training, joint adjusting and verification, etc. Apart from the original functions, FTZ credit business, credit remittance transfer business and credit remittance refund business were increased in the system. Moreover, debit business and debit correction business of FTZ were reserved, which could support fund clearing between FT* account and ordinary account, FT* account and FT* account, or FT* account and NRA account. Through regulating the volume and direction of the fund, the system could further ensure fund security, satisfy regulatory requirements, and enhance prudential risk management abilities.

6.1.3 Promotion and administration of non-cash payment instruments

6.1.3.1 Organizing finance companies to carry out the pilot work of online clearing of electronic commercial drafts

In 2014, in line with overall PBC arrangements, the PBC Shanghai Head Office guided and urged 2 finance companies to complete the modification and development of internal systems corresponding with Electronic Commercial Draft System and HVPS. Besides, the PBC Shanghai Head Office organized 2 finance companies and other 18 corporate institutions to participate in the joint adjusting and verification, and 2 finance companies in Shanghai successfully launched online clearing model on the System. As a result, the efficiency and security of the Electronic Commercial Drafts System was improved.

6.1.3.2 Improving the environment for the development of electronic commercial draft business

Taking advantage of the testing environment of finance companies' pilot work of online clearing business, the PBC Shanghai Head Office organized 35 incorporated banks and administrator banks to test the connectivity of Electronic Commercial Draft System and solved the obstructed problem in inter-bank business that had bothered the institutions. The PBC Shanghai Head Office issued the *Circular on the Development of Electronic Commercial Draft Business in Shanghai*, urging the institutions to set the growth destination for proportion of acceptance and discount business of electronic commercial drafts, and to promote the electronic commercial draft business in the enterprises at the core of supply chain at the first.

6.1.3.3 Attaching importance to bill credit administration

In 2014, the PBC Shanghai Head Office issued 38 400 administrative penalty notices and 19 538 administrative penalty decisions to the related institutions' issuance of cheques that violated the regulations. The PBC Shanghai Head Office received 4 524 defence statement from the institutions to be penalized, and sent 278 assisted investigation documents to banks. Moreover, the PBC Shanghai Head Office formulated and issued twice "cheque blacklists" and "commercial acceptance draft blacklists". Meanwhile, the PBC Shanghai Head Office released the bulletins of the basic information on the 4 852 institutions' issuance of 74 197 cheques that violated the regulations, and released the circulars on the basic information about the 91 institutions' issuance of 986 commercial acceptance drafts that violated the regulations. Moreover, the PBC Shanghai Head Office advised banks to impose punitive measures, such as suspending payment and settlement services, on the 95 institutions that seriously violated the regulations.

6.1.4 Supervision of payment service market

6.1.4.1 Strengthening the administration of non-financial payment service market

In 2014, the PBC Shanghai Head Office conducted law execution inspections of five payment institutions with bankcard acquiring business, and execute verification check focus on the reserves of payment to all the prepaid card issuers in Shanghai. Based on the construction of the supervision system, the PBC Shanghai Head Office specified the measures to execute and implement the check and verification mechanism on customers' reserves of payment, and carried out the functional development of verification mechanism to customers' reserves of payment. Meanwhile, the construction of Shanghai payment institutions' supervision information system made progress, and the first phase of the system was successfully launched.

6.1.4.2 Promoting self-regulatory administration

In 2014, the PBC Shanghai Head Office consulted 54 payment institutions and 31 domestic banks based in Shanghai. Based on the issues that worth noting in the preparatory work of the association, the PBC Shanghai Head Office visited Shanghai Banking Association to investigate the operation mode of the association. Besides, the PBC Shanghai Head Office consulted Shanghai Administration Bureau of Non-government Organizations (NGOs) about the new policies on NGO administration, and exchanged views with Payment and Clearing Association of China, Shandong Provincial Payment and Clearing Association and Jiangsu Payment and Clearing Service Association. The PBC Shanghai Head Office drew up the preparatory project and the statutes of association, and pushed forward self-regulatory administration effectively.

6.1.4.3 Pushing forward the management of RMB interbank settlement account

In line with the PBC arrangements regarding carrying out the examination of the authenticity of identity information of existing personal RMB deposit accounts, the PBC Shanghai Head Office specified the inspection content and evaluation standard for the examination of the authenticity of existing personal RMB saving accounts. Moreover, work was done to carry out research on the opening and using of interbank deposit accounts in Shanghai, and organized the banks in Shanghai to carry out self-examination and regulation of existing RMB interbank settlement account business.

6.2 Giving play to the role of credit reference system in support of the international financial center construction

6.2.1 Enterprise and individual credit reference systems operating stably

Enterprise and individual credit reference systems (CRSs) operated stably, giving play to the important role of the financial infrastructure. As of end-2014, there were altogether 2 340 individual CRS inquiry outlets in Shanghai's financial institutions and 2 611 users, and there were 1 797 enterprise CRS inquiry outlets and 5 245 users. Monthly inquiries averaged 4 930 000 for individuals and 410 000 for enterprises. In 2014, up to 104 enterprise CRS outlets and 36 individual CRS outlets were approved to open.

6.2.2 Steadily expanding the CRS coverage

Work was done to promote the incorporation of micro, small and quasi financial institutions into the CRS. The PBC Shanghai Head Office further enhanced its coordination with the Shanghai Financial Services Office, and as a result of their concerted efforts, steady progress was made in incorporating Shanghai's microcredit companies and financing guarantee companies into the financial credit reference database. Efforts were also made to promote the incorporation of more micro, small and quasi financial institutions in Shanghai into the CRS on condition that the quality of data reporting was guaranteed.

6.2.3 Ensuring the use of the CRS in compliance with regulations

First, the PBC Shanghai Head Office pushed ahead with the implementation by financial institutions of provisions such as the *Regulations on the Administration of Credit Reference Industry*. The formulation and implementation of regulations on credit reference business internal control were standardized comprehensively. Credit reference administration was included into the range of comprehensive evaluation. The intensity of credit reference system control and self-inspection were enhanced. The pre-warning system and resolution procedure for abnormal inquiries were improved. Active steps were taken to develop the front-end program for the CRS and enhance the dynamic administration of the CRS users so as to stop the occurrence of credit reference business complaints and lawsuits from the origin, ensure the use of the CRS in compliance with regulations and prevent effectively compliance risks.

Second, the on-site and off-site inspection over the implementation of the *Regulations on the Administration of Credit Reference Industry* was carried out regularly. The investigation and punishment intensity of the abnormal inquiry and information leakage was further strengthened. The credit reference reporting and statistics system for financial institutions was set up on the basis of the credit reference administration system, and a regular dynamic supervision mechanism gradually took shape.

Third, credit reference disputes and complaints were dealt with in strict compliance with the *Procedures for Handling Credit Reference Complaints*. The surveillance on the procedures for the protection of credit reference rights was improved gradually. More work was done to handle complaints lodged via letters or visits. Replies were made over every disputed case in order to protect the legitimate rights of information providers.

6.2.4 Enhancing the cultivation and administration of the rating market to promote its sound development

First, active measures were taken to transform the rating administration model improve the filing system for rating institutions, and cultivate the credit rating market through market-oriented mechanism and approaches, so as to further the stable operation of credit rating and maintain the stable and healthy development of the credit rating market. In 2014, there altogether 10 rating institutions were registered, and 6 594 borrower enterprises were rated in Shanghai.

Second, the emphasis on ex ante qualification was shifted to interim and ex-post supervision and information disclosure. The mechanisms concerning monthly reporting, quarterly reporting, rating meeting minutes and statement reporting were improved. The statistical monitoring and analysis of ratings through the credit reference administration system and the default rate system were enhanced. Self-regulatory institution building was strengthened. The independence and market credibility of credit ratings were improved continuously.

Third, credit ratings for microcredit companies and financial guarantee companies were actively carried out, and coordination and cooperation with the Shanghai Financial Services Office were further enhanced. The notice regarding credit ratings of two types of institutions was issued and the supporting work program was established to facilitate its implementation. At the same time, the PBC Shanghai Head Office, in cooperation with the Shanghai Pudong New District Commerce Commission, set up a joint work mechanism for promoting credit rating of commercial factoring companies to experiment with credit rating of commercial factoring companies. In 2014, 71 microcredit companies, 17 financial guarantee companies and 12 commercial factoring companies in Shanghai were rated.

6.3 Pushing ahead with anti-money laundering

6.3.1 Carrying out anti-money laundering law enforcement inspections

In 2014, the PBC Shanghai Head Office carried out, according to law, anti-money laundering (AML) law enforcement inspections over 5 institutions, including 2 trust companies, 1 fund company, 1 payment institution and 1 bank. Based on the idea of enhancing overall supervisory abilities of legal entities, the PBC Shanghai Head Office put more emphasis during the inspections on AML institution building, internal management building, design of work procedures, and the effectiveness of system building. At the same time, risk-based guidelines on AML work were implemented. On the basis of searching for money laundering risks according to the business characteristics of various institutions, the effectiveness of theirs money laundering risk control measures was inspected. Efforts were made to improve AML work through law enforcement inspections, the experience of which was used to expand its operation.

6.3.2 Drawing attention to supervision in key areas through AML visits

In response to their fast business innovation and relative weak basis of AML, the PBC Shanghai Head Office carried out off-site supervision visits and research in some payment companies. The PBC Shanghai Head Office got a comprehensive understanding of the business types, working procedures and operation characteristics of the payment institutions through the visits. The common problems existing in the current AML work of payment institutions were found out, and corresponding supervision suggestions were put forward.

6.3.3 Enhancing the pre-access AML compliance review of new institutions and new businesses

With regard to the banking institutions, the PBC Shanghai Head Office completed the review of 13 Chinese-funded banks and 4foreign-funded banks that applied for separate accounting business in the Pilot Free Trade Zone, pursuant to the *Provisional Measures on the Review of Shanghai Financial Institutions' Anti-Money Laundering Measures for Their Businesses in the Pilot Free Trade Zone*. It effectively urged and guided banks' reasonable arrangement of the AML measures for various businesses in the Pilot Free Trade Zone. When the payment institutions applied for or added new payment business types, the PBC Shanghai Head Office would review the compliance of their AML measures documents, guiding the institutions to adopt an effective AML compliance management framework and mechanism, and raising corresponding suggestions for improvement.

Box 6 Setting up AML and Anti-Terrorist Financing Supervision Framework in China (Shanghai) Pilot Free Trade Zone

First, detailed rules for the AML work in the China (Shanghai) Pilot Free Trade Zone (hereafter referred to as the "Pilot FTZ") were issued. In order to support the Pilot FTZ construction and to maintain normal market economic order in the Pilot FTZ, the PBC Shanghai Head Office, with PBC approval, issued the *Notice on Effectively Conducting Anti-Money Laundering and Anti-Terrorist Financing in China (Shanghai) Pilot Free Trade Zone* (hereafter referred to as the "Notice"). The Notice required all the institutions that have the AML obligation to fulfill the requirements in strict compliance with the laws, and establish and improve the AML internal control systems for those businesses related to the Pilot FTZ. It also required that the system support for fund monitoring and analyzing in the Pilot FTZ should be provided. It required the institutions to take the customer due diligence investigations and risks resolution measures compatible with the level of risks, especially to strengthen the due diligence investigations of customers' real controllers or actual beneficiaries in transactions. It required them to strengthen the supervision and analysis of Free Trade Accounts (FTAs) and their entities, and to make background investigation of the FTAs capital transferring. It required them to tighten the AML investigation requirements for innovation businesses, to develop new businesses after the controlling measures matched the risks. It required them to strengthen the AML risk management of the whole procedures of cross-border businesses in the Pilot FTZ, to take the AML investigation, fund monitoring and name list monitoring.

Second, the AML cooperation mechanism with the administrative committee of the Pilot FTZ was established. With the issuance of the Notice, the PBC Shanghai Head Office signed the AML cooperation memorandum with the administrative committee of the Pilot FTZ. The mechanism aimed to let both sides strengthen the AML exchanges and cooperation in accordance with the principles of being efficient and pragmatic, each performing its duties, being coherence and coordination, and to ensure the stable performance of all the financial reforms and development policy measures in the Pilot FTZ.

Third, the methods for the assessment of financial institutions' AML measures in the Pilot FTZ were formulated. In order to strengthen the AML risk management work in the Pilot FTZ, the PBC Shanghai Head Office formulated *Trial Measures of the Assessment for the Anti-Money Laundering Measures of Shanghai Financial Institutions' Businesses in the Pilot Free Trade Zone* on the basis of the issuance of the Notice. The supervision requirements of the AML and anti-terrorist financing work in the Pilot FTZ were elaborated. Through AML assessment, the guidance for those institutions that would conduct or had already conducted businesses in the Pilot FTZ would be enhanced, and the AML supervision methods for the businesses in the Pilot FTZ would be enriched.

Fourth, *Shanghai Suspicious Transaction Reporting Form* and the system adjustment were completed. According to the requirements of the Notice, the PBC Shanghai Head Office adjusted current Shanghai key suspicious transaction reporting form and the system, and added elements like FTZ entities and business options, sensitive countries and organization list. While reporting the FTZ suspicious transactions to the China Anti-Money Laundering Monitoring &

Analysis Center, institutions were required to report those transactions in the adjusted Shanghai Suspicious *Transactions Reporting Form* to the PBC Shanghai Head Office. The adjusted *Shanghai Suspicious Transactions Reporting Form* and the system would help the analysts judge and investigate suspicious transactions reports related to the Pilot FTZ.

Fifth, the visits aimed at the AML of financial institutions' innovation businesses in the FTZ were taken. In order to further grasp the AML work of FTZ businesses and effectively enhance risk control of money laundering under the condition of opening up, the PBC Shanghai Head Office took visits in the form of off-site supervision visiting to 7 commercial banks that were first approved to operate separate accounting in the Pilot FTZ. The visits helped to know the implementation of the AML regulations in the process of the Pilot FTZ businesses development such as FTZ accounting, cross-border RMB business innovation and foreign exchange business innovation of those institutions since March 2014. They further enhanced the awareness of the AML work under the condition of opening up, and effectively pushed forward the money laundering risk control work in the Pilot FTZ.

Sixth, the training for the AML in the Pilot FTZ was organized. According to the characteristics of the Pilot FTZ, the PBC Shanghai Head Office focused on strengthening the duty performance capability of the entities that had the AML obligations, jointly organized the Pilot FTZ AML training courses with the administrative committee of the Pilot FTZ. The courses explained the policies of the Notice, introduced the policies on the industry and commerce, taxes and customs in the FTZ to local financial institutions, notified the common problems of various institutions in the construction of FTZ money laundering risk prevention and control system, and held experience exchange and discussion on the measures for innovation business risk control of.

Seventh, measures were taken to explore the construction of the AML fund monitoring and analysis subsystem in the FTZ. In order to prevent the risks of money laundering, terrorist financing and tax crimes in the FTZ, make full use of the big data information, and promote the interim and ex post supervision capabilities of the supervision departments, the PBC Shanghai Head Office started to establish the AML fund monitoring and analysis subsystem of the FTZ separate accounting system. Through parameter configuration of abnormal transactions, and by matching the FTZ entities with the account transactions data and analyzing, the system could warn the unusual transactions and customers that triggered the monitoring standards.

6.3.4 Experimenting with money laundering risk assessment in the trust industry

In order to strengthen the AML supervision in the trust industry, to make up for the insufficiency in the coverage of law enforcement inspections, and to experiment with the establishment of AML risk assessment system, the PBC Shanghai Head Office explored the formulation of the AML risk assessment standards among trust financial institutions according to the business characteristics of the trust companies. By way of off-site assessment and on-site visiting, the PBC Shanghai Head Office carried out AML risk assessment for 5 trust institutions in Shanghai. According to the assessment results, talks with senior executives in the trust institutions concerned were taken, and the degree of the trust institutions' attention towards the AML work was further increased.

6.3.5 Strengthening the analysis and judgment of key suspicious transaction reports

In 2014, the PBC Shanghai Head Office received 45 reports of key suspicious transactions. While carrying out analysis and judgment of the suspicious transactions reports, the PBC Shanghai Head Office also strengthened guidance and feedback for the institutions that had the obligations, and promoted their motivation of reporting and the quality of the reports. Through investigation and analysis, the PBC Shanghai Head Office transferred suspicious cases to the investigation organization and counter-terrorism unit.

6.3.6 Specializing research and analysis on the types of money laundering

By fully relying on the joint conference system, the PBC Shanghai Head Office requested the Police, the Procuratorate, the Customs and other cooperation units to provide status information, relevant data and typical cases of combating money-laundering crimes. At the same time, the institutions that had the AML obligations were encouraged and guided to carry out thorough analysis of key suspicious reports and try to make relatively clear judgment of crime types when conditions were met, on the basis of effectively developing the work of customer identification. By collecting the information of money laundering and upstream crimes in different ways, the accuracy and scientificness of the analysis reports on the money laundering types in Shanghai were improved.

6.3.7 Deepening the coordination and cooperation with collaborating units in an concerted effort to combat money laundering activities

In 2014, the PBC Shanghai Head Office further strengthened AML coordination with the Police, the Ministry of State Security, the Department of Discipline Inspection and Supervision, the Pilot FTZ administrative committee, and other units. By developing AML cooperation in many aspects such as information exchange, collaboration in case investigation and bilateral training, the PBC Shanghai Head Office promoted joint supervision efforts for combating money laundering and relevant crimes in Shanghai.

Appendix Ⅰ
Statistics

Table A1-1 Major Macroeconomic Indicators of Shanghai

Units: 100 million yuan, %

Items \ Year	2010	2011	2012	2013	2014
Shanghai GDP	16 872.46	19 195.69	20 101.33	21 602.12	23 560.94
Primary industry	114.15	124.94	127.80	129.28	124.26
Secondary industry	7 139.96	7 959.69	7 912.77	8 027.77	8 164.79
Tertiary industry	9 618.31	11 111.06	12 060.76	13 445.07	15 271.89
Financial industry	1 931.73	2 240.47	2 450.36	2 823.29	3 268.43
Fixed asset investment	5 317.67	5 067.09	5 254.38	5 647.79	6 016.43
Retail sales of consumer goods	6 036.86	6 777.11	7 387.32	8 019.05	8 718.65
Total export & import	2 777.31	3 688.69	4 374.36	4 367.58	4 413.98
($100 million)	3 688.69	4 374.36	4 367.58	4 413.98	4 666.22
Import ($100 million)	1 880.85	2 276.47	2 299.51	2 371.54	2 563.45
Export ($100 million)	1 807.84	2 097.89	2 068.07	2 042.44	2 102.77
Contracted FDI ($100 million)	153.07	201.03	223.38	249.36	316.09
Utilized FDI ($100 million)	111.21	126.01	151.85	167.80	181.66
CPI (previous year=100)	103.10	105.20	102.80	102.30	102.70
Fiscal revenue	2 873.58	3 429.83	3 743.71	4 109.51	4 585.55
Fiscal expenditure	3 302.89	3 914.88	4 184.02	4 528.61	4 923.44
Per capita disposable income of urban residents (yuan)	31 838	36 230	40 188	43 851	47 710
Per capita disposable income of rural residents (yuan)	13 746	15 644	17 401	19 208	21 192
Registered unemployed urban population (10 000)	27.73	27.33	27.05	26.37	25.63
Shanghai business survey index	135.70	125.60	121.90	125.80	—
House rent price index	104.40	106.70	105.80	105.20	—
Land trading price index	118.90	117.10	104.50	110.40	—

Sources: *Statistics Report of National Economic and Social Development in Shanghai* from Shanghai Statistics Bureau, PBC Shanghai Head Office.

Table A1–2 Major Financial Indicators of Shanghai

Unit: 100 million yuan

Items \ Year	2010	2011	2012	2013	2014
Total assets of banking institutions	69 491.02	80 691.72	90 303.52	97 880.77	112 657.49
Total liabilities of banking institutions	67 345.42	78 144.55	87 370.45	94 605.63	108 624.54
Total deposits of banking institutions	52 190.04	58 186.48	63 555.25	69 256.32	73 882.45
Domestic banking institutions	48 118.64	53 089.19	58 287.02	63 346.88	67 813.15
Foreign banking institutions	4 071.40	5 097.29	5 268.23	5 909.44	6 069.12
Deposits of urban and rural residents	16 249.29	17 958.22	20 247.24	21 185.69	21 995.54
Deposits of enterprises	24 991.39	34 941.43	37 555.71	41 491.55	44 149.12
Total loans of banking institutions	34 154.17	37 196.79	40 982.48	44 357.88	47 915.81
Domestic banking institutions	29 970.80	32 863.85	36 784.99	39 992.48	43 386.58
Foreign banking institutions	4 183.36	4 332.93	4 197.49	4 365.41	4 529.23
NPLs of banking institutions	271.94	223.80	270.93	357.72	427.14
NPL ratio of banking institutions (%)	0.83	0.60	0.66	0.80	0.89
Total assets of locally incorporated securities companies	3 967.40	3 271.30	3 884.18	4 571.61	9 168.40
Total liabilities of locally incorporated securities companies	2 672.80	1 911.40	2 291.65	2 883.85	7 244.47
Revenue of locally incorporated securities companies	341.93	276.70	259.23	307.78	518.33
Premiums income	883.86	753.11①	820.64	821.43	986.75
Life insurance	686.68	508.54	548.92	536.18	666.39
Property insurance	197.18	244.57	271.72	285.25	320.36
Claims and benefits	194.54	260.71	255.79	301.95	378.66
Life insurance	110.28	156.38	117.16	139.61	201.42
Property insurance	84.26	104.32	138.63	162.33	177.24

Note: ①Data from 2011 onwards are not comparable with previous years due to changes in the accounting standards.

Sources: PBC Shanghai Head Office, CBRC Shanghai Bureau, CSRC Shanghai Bureau, CIRC Shanghai Bureau.

Table A1-3 Key Figures on Financial Markets Transactions

Items \ Year	2010	2011	2012	2013	2014
Trading value of interbank funding transactions (100 million yuan)	278 684	334 412	467 044	355 190	376 626
Trading value of interbank repo transactions (100 million yuan)	875 935	994 535	1 417 140	1 581 639	2 244 226
Trading value of interbank cash bond transactions (100 million yuan)	640 418.98	636 422.9	751 952.83	416 106.44	403 565.2
Trading value of commodity futures market (100 million yuan)	2 269 852.69	937 503.93①	952 862.59	1 264 695.8	1 279 712.5
Trading volume of commodity futures market (10 000 lots)	304 194.19	100 372.53	134 546.42	186 827.38	228 343.25
Trading value of stock index futures market (100 million yuan)	821 397.94	437 658.55	758 406.78	1 410 066.21	1 640 169.73
Trading volume of stock index futures market (10 000 lots)	9 147.66	5 041.62	10 506.18	19 354.93	21 758.1
Trading value of gold market (100 million yuan)	16 157.8	24 772.2	21 506.3	32 133.8	45 891.6
Trading volume of gold market (ton)	6 051.5	7 438.5	6 350.2	11 614.5	18 486.7

Note: ①Calculated on a unilateral basis since 2011, excluding exchange for physicals.

Sources: *China Financial Market Development Report*.

Appendix Ⅱ
Financial Institutions in Shanghai

Table A2-1　Exchanges

1	China Foreign Exchange Trade System
2	Shanghai Stock Exchange
3	Shanghai Futures Exchange
4	Shanghai Gold Exchange
5	China Financial Futures Exchange
6	Shanghai Clearing House

Table A2-2　Policy Banks

1	China Development Bank, Shanghai Branch
2	Agricultural Development Bank of China, Shanghai Branch
3	Export-Import Bank of China, Shanghai Branch

Table A2-3　State-owned Commercial Banks

1	Industrial and Commercial Bank of China, Shanghai Branch
2	Industrial and Commercial Bank of China, China (Shanghai) Pilot Free Trade Zone Branch
3	Agricultural Bank of China, Shanghai Branch
4	Agricultural Bank of China, China (Shanghai) Pilot Free Trade Zone Branch

(concluded)

5	Bank of China, Shanghai Branch
6	Bank of China, China (Shanghai) Pilot Free Trade Zone Branch
7	China Construction Bank, Shanghai Branch
8	China Construction Bank, China (Shanghai) Pilot Free Trade Zone Branch
9	Bank of Communications
10	Bank of Communications, Shanghai Branch
11	Bank of Communications, China (Shanghai) Pilot Free Trade Zone Branch

Table A2-4 Joint-stock Commercial Banks

1	Shanghai Pudong Development Bank
2	Shanghai Pudong Development Bank, Shanghai Branch
3	Shanghai Pudong Development Bank, China (Shanghai) Pilot Free Trade Zone Branch
4	Postal Savings Bank of China, Shanghai Branch
5	China CITIC Bank, Shanghai Branch
6	China Everbright Bank, Shanghai Branch
7	Huaxia Bank, Shanghai Branch
8	Guangfa Bank, Shanghai Branch
9	China Merchants Bank, Shanghai Branch
10	China Merchants Bank, China (Shanghai) Pilot Free Trade Zone Branch
11	Industrial Bank, Shanghai Branch
12	China Minsheng Banking Corp., Ltd., Shanghai Branch
13	China Minsheng Banking Corp., Ltd., China (Shanghai) Pilot Free Trade Zone Branch
14	Ping An Bank, Shanghai Branch
15	Ping An Bank, China (Shanghai) Pilot Free Trade Zone Branch
16	China Bohai Bank, Shanghai Branch
17	China Zheshang Bank, Shanghai Branch

Table A2-5 City Commercial Banks

1	Bank of Shanghai
2	Bank of Shanghai, Pudong Branch
3	Bank of Shanghai, China (Shanghai) Pilot Free Trade Zone Branch
4	Bank of Ningbo, Shanghai Branch
5	Bank of Beijing, Shanghai Branch
6	Bank of Hangzhou, Shanghai Branch
7	Bank of Nanjing, Shanghai Branch
8	Bank of Jiangsu, Shanghai Branch
9	Bank of Tianjin, Shanghai Branch
10	Bank of Wenzhou, Shanghai Branch
11	Bank of Dalian, Shanghai Branch
12	Shengjing Bank, Shanghai Branch
13	Zhejiang Chouzhou Commercial Bank, Shanghai Branch
14	Zhejiang Tailong Commercial Bank, Shanghai Branch
15	Zhejiang Mintai Commercial Bank, Shanghai Branch
16	Ningbo Commerce Bank, Shanghai Branch
17	Xiamen International Bank, Shanghai Branch

Table A2-6 Rural Commercial Banks

1	Shanghai Rural Commercial Bank
2	Shanghai Rural Commercial Bank, China (Shanghai) Pilot Free Trade Zone Branch

Table A2-7 Village & Township Banks

1	Chongming SRCB Rural Bank
2	Fengxian SPD Rural Bank
3	Songjiang Minsheng Township Bank
4	Pudong Jiangnan Village Bank
5	Pudong Jianxin Village Bank
6	Minhang BOS Rural Bank
7	Jiading Minsheng Township Bank
8	Jinshan Huimin Village Bank
9	Baoshan Fumin Village Bank
10	Qingpu Citonghong Village Bank

Table A2-8 Foreign Banks

1	HSBC Bank (China) Co., Ltd.	24	Nanyang Commercial Bank (China) Ltd.
2	HSBC Bank (China) Co., Ltd., Shanghai Branch	25	Nanyang Commercial Bank (China) Ltd., Shanghai Branch
3	Standard Chartered Bank (China) Ltd.	26	United Overseas Bank (China) Ltd.
4	Standard Chartered Bank (China) Ltd., Shanghai Branch	27	United Overseas Bank (China) Ltd., Shanghai Branch
5	Citibank (China) Co., Ltd.	28	East West Bank (China) Ltd.
6	Citibank (China) Co., Ltd., Shanghai Branch	29	Banque Indosuez (China) Ltd.
7	Bank of East Asia (China) Ltd.	30	Banque Indosuez (China) Ltd., Shanghai Branch
8	Bank of East Asia (China) Ltd., Shanghai Branch	31	Australia and New Zealand Bank (China) Co., Ltd.
9	Mizuho Bank (China) Ltd.	32	Australia and New Zealand Bank (China) Co., Ltd., Shanghai Branch
10	Hang Seng Bank (China) Ltd.	33	Zhengxin Bank Co., Ltd.
11	Hang Seng Bank (China) Ltd., Shanghai Branch	34	Starbright Finance Co., Ltd.
12	DBS Bank (China) Ltd.	35	SPD Silicon Valley Bank
13	DBS Bank (China) Ltd., Shanghai Branch	36	Woori Bank (China) Ltd., Shanghai Branch
14	Bank of Tokyo-Mitsubishi UFJ (China) Ltd.	37	Deutsche Bank (China) Co., Ltd., Shanghai Branch
15	Bank of Tokyo-Mitsubishi UFJ (China) Ltd., Shanghai Branch	38	Hana Bank (China) Co., Ltd., Shanghai Branch
16	Royal Bank of Scotland (China) Co., Ltd.	39	Societe Generale (China) Ltd., Shanghai Branch
17	Royal Bank of Scotland (China) Co., Ltd., Shanghai Branch	40	Shinhan Bank (China) Ltd., Shanghai Branch
18	Sumitomo Mitsui Banking Corp.(China) Ltd.	41	JPMorgan Chase Bank (China) Co., Ltd., Shanghai Branch
19	Bangkok Bank (China) Co., Ltd.	42	Dah Sing Bank (China) Ltd., Shanghai Branch
20	Bangkok Bank (China) Co., Ltd., Shanghai Branch	43	Wing Hang Bank (China) Ltd., Shanghai Branch
21	BNP Paribas (China) Ltd.	44	CITIC Bank International (China) Ltd., Shanghai Branch
22	Fubon Bank (China) Co., Ltd.	45	Metropolitan Bank (China) Ltd., Shanghai Branch
23	OCBC Bank (China) Ltd.	46	Bank of Montreal (China) Co., Ltd., Shanghai Branch

(concluded)

47	Wing Lung Bank Ltd., Shanghai Branch	70	Skandinaviska Enskilda Banken AB (publ), Shanghai Branch
48	Shanghai Commercial Bank Ltd., Shanghai Branch	71	Nation Bank of Egypt, Shanghai Branch
49	Chinatrust Commercial Bank Co., Ltd., Shanghai Branch	72	Westpac Banking Corporation, Shanghai Branch
50	PT Bank Mandiri (Persero) Tbk, Shanghai Branch	73	Svenska Handelsbanken AB (publ), Shanghai Branch
51	Axis Bank Ltd., Shanghai Branch	74	Nordea Bank AB (publ), Shanghai Branch
52	KBC Bank N.V., Shanghai Branch	75	Swedbank AB (publ), Shanghai Branch
53	Norddeutsche Landesbank Girozentrale, Shanghai Branch	76	Banco Santander S.A., Shanghai Branch
54	Commerzbank AG, Shanghai Branch	77	Intesa Sanpaolo, Shanghai Branch
55	Vneshtorgbank, Shanghai Branch	78	UniCredit S.p.A., Shanghai Branch
56	Platinum Natexis Banques Populaires, Shanghai Branch	79	Banca Monte dei Paschi di Siena S.p.A., Shanghai Branch
57	Korea Development Bank, Shanghai Branch	80	State Bank of India, Shanghai Branch
58	Daegu Bank Ltd., Shanghai Branch	81	Canara Bank, Shanghai Branch
59	Rabobank, Shanghai Branch	82	Barclays Bank PLC, Shanghai Branch
60	ING Commercial Banking, Shanghai Branch	83	Commonwealth Bank of Australia, Shanghai Branch
61	Malayan Banking Berhad, Shanghai Branch	84	National Australia Bank Ltd., Shanghai Branch
62	CIMB Bank Berhad, Shanghai Branch	85	Scotiabank, Shanghai Branch
63	Bank of New York Mellon, Shanghai Branch	86	First Commercial Bank Co., Ltd., Shanghai Branch
64	Bank of America, Shanghai Branch	87	Cathay United Bank Co., Ltd., Shanghai Branch
65	Wells Fargo Bank, National Association, Shanghai Branch	88	Land Bank of Taiwan Co., Ltd., Shanghai Branch
66	DnB NOR Bank ASA, Shanghai Branch	89	Bank of Taiwan, Shanghai Branch
67	Bank of Yokohama Ltd., Shanghai Branch	90	Taiwan Business Bank Ltd., Shanghai Branch
68	Sumitomo Mitsui Trust Bank Ltd., Shanghai Branch	91	Banco do Brasil S.A., Shanghai Branch
69	Credit Suisse AG, Shanghai Branch		

Table A2-9 Financial Asset Management Companies

1	China Huarong Asset Management Co., Ltd., Shanghai Office
2	China Cinda Asset Management Co., Ltd., Shanghai Branch
3	China Orient Asset Management Corp., Shanghai Office
4	China Great Wall Asset Management Corp., Shanghai Office
5	China Huarong Asset Management Co., Ltd., China (Shanghai) Pilot Free Trade Zone Branch

Table A2-10 Trust & Investment Companies

1	Shanghai International Trust Co., Ltd.
2	Hwabao Trust Co., Ltd.
3	Shanghai AJ Trust Co., Ltd.
4	Zhonghai Trust Co., Ltd.
5	Zhongtai Trust Co., Ltd.
6	Anxin Trust Co., Ltd.
7	Sino-Australian International Trust Co., Ltd.

Table A2-11 Finance Companies

1	Baosteel Group Finance Co., Ltd.
2	Shanghai Automotive Group Finance Co., Ltd.
3	Shanghai Electric Group Finance Co., Ltd.
4	Eastern Air Group Finance Co., Ltd.
5	Shanghai Pudong Development Group Finance Co., Ltd.
6	Shanghai Jin Jiang Group Finance Co., Ltd.
7	China Marine Finance Co., Ltd.
8	China Shipping Finance Co., Ltd.
9	China Power Finance Co., Ltd., East China Branch
10	Panasonic (China) Finance Co., Ltd.
11	Hitachi (China) Finance Co., Ltd.
12	Shenergy Group Finance Co., Ltd.
13	Sinopec Finance Co., Ltd., Shanghai Branch
14	Fosun Group Finance Co., Ltd.
15	Shanghai Huayi Group Finance Co., Ltd.
16	Bailian Group Finance Co., Ltd.
17	Shanghai Industrial Investment Group Finance Co., Ltd.
18	Bright Food Group Finance Co., Ltd.

Table A2-12 Financial Leasing Companies

1	Agricultural Bank of China Financial Leasing Co., Ltd.
2	Bank of Communications Financial Leasing Co., Ltd.
3	China Merchants Bank Financial Leasing Co., Ltd.
4	SPDB Financial Leasing Co., Ltd.
5	Taiping & Sinopec Financial Leasing Co., Ltd.

Table A2-13 Automotive Finance Companies

1	GMAC-SAIC Automotive Finance Co., Ltd.
2	Ford Automotive Finance (China) Ltd.
3	Fiat Automotive Finance Co., Ltd.
4	Dongfeng-Nissan Automotive Finance Co., Ltd.

Table A2-14 Money Brokerage Companies

1	Tullett Prebon SITICO (China) Ltd.
2	Shanghai CFETS-ICAP International Money Broking Co., Ltd.

Table A2-15 Commercial Bank Operation Centers

1	Industrial and Commercial Bank of China Bill Business Department
2	Industrial and Commercial Bank of China Private Banking Department
3	Industrial and Commercial Bank of China Precious Metals Department
4	Agricultural Bank of China Bill Business Department
5	Agricultural Bank of China Private Banking Department
6	Agricultural Bank of China Credit Card Center
7	Bank of China RMB Trading Business Headquarters
8	China Construction Bank Credit Card Center
9	Bank of Communications Private Banking Department
10	Bank of Communications Pacific Credit Card Center
11	Shanghai Pudong Development Bank Credit Card Center
12	Bank of Shanghai Credit Card Center
13	Bank of Shanghai Small Business Financial Service Center
14	China Merchants Bank Credit Card Center
15	Industrial Bank Capital Operation Center
16	Industrial Bank Credit Card Center
17	China Minsheng Banking SME Finance Department

Table A2–16 Consumer Finance Companies

1	Bank of China Consumer Finance Ltd.

Table A2–17 Securities Companies

1	Orient Securities Co., Ltd.
2	Everbright Securities Co., Ltd.
3	Guotai Junan Securities Co., Ltd.
4	Haitong Securities Co., Ltd.
5	Shanghai Securities Co., Ltd.
6	Shenyin & Wanguo Securities Co., Ltd.
7	Aijian Securities Co., Ltd.
8	Huajin Securities Co., Ltd.
9	CEFC Shanghai Securities Co., Ltd.
10	Tebon Securities Co., Ltd.
11	BOC International (China) Ltd.
12	Hwabao Securities Co., Ltd.
13	Changjiang Financing Services Co., Ltd.
14	Haiji Securities Co., Ltd.
15	Morgan Stanley Huaxin Securities Co., Ltd.
16	Citi Orient Securities Co., Ltd.
17	Guotai Junan Securities Assets Management Co., Ltd.
18	Orient Securities Asset Management Co., Ltd.
19	Everbright Securities Asset Management Co., Ltd.
20	Haitong Securities Asset Management Co., Ltd.
21	Qilu Securities (Shanghai) Asset Management Co., Ltd.
22	Huatai Securities (Shanghai) Asset Management Co., Ltd.

Table A2–18 Fund Management Companies

1	Guotai Asset Management Co., Ltd.	3	Fullgoal Fund Management Co., Ltd.
2	Hua An Fund Management Co., Ltd.	4	Galaxy Asset Management Co., Ltd.

(concluded)

5	Wanjia Asset Management Co., Ltd.	26	Franklin Templeton Sealand Fund Management Co., Ltd.
6	Fortune SG Fund Management Co., Ltd.	27	Huatai-Pine Bridge Fund Management Co., Ltd.
7	GTJA Allianz Fund Management Co., Ltd.	28	China Universal Asset Management Co., Ltd.
8	Fortis Haitong Investment Management Co., Ltd.	29	Bank of Communications Schroders Fund Management Co., Ltd.
9	Chang Xin Asset Management Co., Ltd.	30	CITIC-Prudential Fund Management Co., Ltd.
10	First-Trust Fund Management Co., Ltd.	31	HSBC Jintrust Fund Management Co., Ltd.
11	China Nature Asset Management Co., Ltd.	32	Lombarda China Fund Management Co., Ltd.
12	AEGON-INDUSTRIAL Fund Management Co., Ltd.	33	Zhonghai Fund Management Co., Ltd.
13	SWS MU Fund Management Co., Ltd.	34	Lord Abbett China Asset Management Co., Ltd.
14	Everbright Pramerica Fund Management Co., Ltd.	35	Value Partners Goldstate Fund Management Co., Ltd.
15	Harfor Fund Management Co., Ltd.	36	AXA SPDB Investment Managers Co., Ltd.
16	BNY Mellon Western Fund Management Co., Ltd.	37	ABC-CA Fund Management Co., Ltd.
17	ChangAn Fund Management Co., Ltd.	38	Caitong Fund Management Co., Ltd.
18	Tebon Fund Management Co., Ltd.	39	Fuanda Fund Management Co., Ltd.
19	Mirae Asset Huachen Fund Management Co., Ltd.	40	Ashmore-CCSC Fund Management Co., Ltd.
20	Donghai Fund Management Co., Ltd.	41	Xinyuan Asset Management Co., Ltd.
21	CIB Fund Management Co., Ltd.	42	Maxwealth Fund Mangement Co., Ltd.
22	BOSC Asset Management Co., Ltd.	43	Huafu Fund Management Co., Ltd.
23	China International Fund Management Co., Ltd.	44	Golden Trust Sinopac Fund Management Co., Ltd.
24	Bank of China Investment Management Co., Ltd.	45	Jyah Asset Management Co., Ltd.
25	Soochow Asset Management Co., Ltd.		

Table A2-19 Futures Brokerage Companies

1	Soochow Futures Co., Ltd.	15	Orient Futures Co., Ltd.
2	Dongxing Futures Co., Ltd.	16	Shanghai East Asia Futures Co., Ltd.
3	Everbright Futures Co., Ltd.	17	Shanghai CIFCO Futures Co., Ltd.
4	Guotai Junan Futures Co., Ltd.	18	Shanghai Dalu Futures Co., Ltd.
5	SDIC CGOG Futures Co., Ltd.	19	Shanghai Tonglian Futures Co., Ltd.
6	Tongxin Jiuheng Futures Co., Ltd.	20	UBS Futures Co., Ltd.
7	Haitong Futures Co., Ltd.	21	CCB Futures Co., Ltd.
8	Hengtai Futures Co., Ltd.	22	Shanghai Oriental Futures Brokerage Co., Ltd.
9	China Fortune Futures Co., Ltd.	23	Tongguan Jinyuan Futures Co., Ltd.
10	Hicend Futures Co., Ltd.	24	Shanghai Zheshi Futures Co., Ltd.
11	Shenyin & Wanguo Futures Co., Ltd.	25	Shanghai Zhongcai Futures Co., Ltd.
12	Huawen Futures Brokerage Co., Ltd.	26	Zhongrong Huixin Futures Co., Ltd.
13	Xinhu Futures Co., Ltd.	27	CES Futures Co., Ltd.
14	Guosen Futures Co., Ltd.	28	Tianhong Futures Co., Ltd.

Table A2-20 Insurance Group and Holding Company

1	China Pacific Insurance (Group) Co., Ltd.

Table A2-21 Insurance Companies

1	China Pacific Life Insurance Co., Ltd.	10	Manulife-Sinochem Life Insurance Co., Ltd.
2	Taiping Life Insurance Co., Ltd.	11	Cathay Lujiazui Life Insurance Co., Ltd.
3	Eastern Life Insurance Co., Ltd.	12	Sino-US United Metlife Insurance Co., Ltd.
4	Allianz China Life Insurance Co., Ltd.	13	Guohua Life Insurance Co., Ltd.
5	Nissay-Greatwall Life Insurance Co., Ltd.	14	American International Assurance Co., Ltd., Shanghai Branch
6	AEGON-CNOOC Life Insurance Co., Ltd.	15	HSBC Life Insurance Co., Ltd.
7	ICBC-AXA Life Insurance Co., Ltd.	16	Founder Meiji Yasuda Life Insurance Co., Ltd.
8	CCB Life Insurance Co., Ltd.	17	Pramerica Fosun Life Insurance Co., Ltd.
9	BoComm Life Assurance Co., Ltd.	18	Ping An Annuity Insurance Co., Ltd.

(concluded)

19	Taiping Pension Co., Ltd.	30	Sun Alliance Insurance (China) Ltd.
20	Changjiang Pension Insurance Co., Ltd.	31	Chubb Insurance (China) Co., Ltd.
21	China Pacific Property Insurance Co., Ltd.	32	Chartis Insurance Co., (China) Ltd.
22	Starr Property & Casualty Insurance (China) Co., Ltd.	33	Tokio Marine & Nichido Fire Insurance Co., (China) Ltd.
23	Tianan Property Insurance Co., Ltd.	34	Cathay Insurance Co., Ltd.
24	China Continent Property & Casualty Insurance Co., Ltd.	35	Lloyd's Insurance Co., (China) Ltd.
25	Alltrust Property Insurance Co., Ltd.	36	XL Insurance (China) Co., Ltd.
26	Anxin Agricultural Insurance Co., Ltd.	37	Huatai Property & Casualty Insurance Co., Ltd.
27	AXA Tianping Property & Casualty Insurance Co., Ltd.	38	Zhongan Online Property & Casualty Insurance Co., Ltd.
28	Samsung Property & Casualty Insurance Co., (China) Ltd.	39	CPIC Allianz Health Insurance Co., Ltd.
29	Mitsui Sumitomo Insurance (China) Co., Ltd.	40	Ping An Health Insurance Co., Ltd.

Table A2-22 Reinsurance Companies

1	General Reinsurance AG, Shanghai Branch
2	Hannover Rückversicherung AG, Shanghai Branch
3	RGA Reinsurance Co., Shanghai Branch

Table A2-23 Insurance Asset Management Companies

1	PICC Asset Management Co., Ltd.
2	Huatai Asset Management Co., Ltd.
3	Ping An Asset Management Co., Ltd.
4	Pacific Asset Management Co., Ltd.
5	Taiping Asset Management Co., Ltd.
6	Minsheng Tonghui Asset Management Co., Ltd.